TRENDS

Holger Rust

TRENDS

Das Geschäft mit der Zukunft

K&S

ISBN 3-218-00607-4

Schutzumschlaggestaltung: Kurt Rendl
unter Verwendung eines Fotos von Steve Krongard (Image Bank, Wien)
Lektorat: Elisabeth Tschachler-Roth
Satz: Zehetner Ges. m. b. H., A-2105 Oberrohrbach
Druck und Bindung: Wiener Verlag, Himberg bei Wien

Gedruckt auf chlorfrei gebleichtem Papier

INHALTSVERZEICHNIS

Einleitung

SCHNEE VON GESTERN – ATOMGESCHMOLZEN

Welten, in denen wir morgen lebten

Nun ist das Jahr 2000 in greifbare Nähe gerückt, jene mystische Markierung in den Fieberträumen der Zukunftsdeuter, hinter der eine neue Welt beginnen wird. Doch je näher wir dem Datum kommen, desto weniger ist die Rede von der epochalen Wende, vom Aufbruch ins nächste Jahrtausend, in dem alle Krankheiten besiegt und ferne Planeten besiedelt sein werden. Wir mußten lernen, daß die ausgreifenden Phantasien doch zu sehr von der Science-fiction geprägt waren, von den technizistischen Entwürfen neuer Welten, die immer wieder in opulenten Bildbänden inszeniert wurden, von Welten, in denen wir „morgen" leben würden.
Es waren wunderbar naive Welten, in der die meisten technischen Probleme durch Atomkraft gelöst wurden. Dabei handelte es sich keineswegs nur um die großen Herausforderungen, etwa den Straßenbau durch gebirgige Regionen, wo zur Planierung der Trasse mit dem gezielten Einsatz eines H-Bömbchens kurzer Prozeß gemacht wurde, oder um die Anlage meeresverbindender Kanäle quer durch die Kontinente. Nein, auch die Autos wurden eine Zeitlang von Minikraftwerken angetrieben, die unter dem Hintern des Fahrers Atome spalteten. Ein wenig ökologisches Bewußtsein mischte sich schon, so etwa um die frühen sechziger Jahre, in diese Bilder: „Riesige Autoterminals am Rande der Stadt werden die Wagen aufnehmen [...], die Verbindung von Stadt zu Stadt übernehmen raketenähnliche, auf Luftkissen durch Röhren geschossene Untergrundzüge mit Geschwindigkeiten von 600 bis 900 Kilometern in der Stunde. Fußgänger in der Innenstadt bewegen sich auf För-

derbändern." Und es gab ein paar wesentliche Bedenken gegen die atomare Sprengung von Verbindungen zwischen den Meeren – etwa daß pazifische Seeschlangen den Atlantik erobern und verseuchen würden.
Dem Winter indes trieb man optimistisch die unberechenbaren Launen aus, indem man ganze Lagunen beheizte, über denen sich Wohnbauten von unvorstellbaren Dimensionen erhoben. An klaren Tagen reichte der Blick aus der Höhe der Penthouses auf die gefälligen Hügelketten des Himalaja. Zu den oberen Wohngeschossen, weit über den Wolken und damit stets im Sonnenlicht, gelangte man mit seltsamen Flugmaschinen.
Auch am Meeresboden entstanden Zauberstädte mit eleganten Menschen, umschwommen von erstaunten Fischschwärmen. Einfamilienhäuser sahen in dieser submarinen Zukunft aus wie versenkte fliegende Untertassen, verankert in einem Versorgungssystem, mit dem man in Sekundenschnelle in die Oberwelten emportauchen konnte. Den Urlaub verbrachte die Familie (Vater, Mutter, älterer Sohn und jüngere Tochter) intergalaktisch. Die Pauschalreise zum Mars zählte zum Standardangebot der Reisebüros. Auf dem Feuerschweif der Raketen ging es für drei Wochen zu den grünhäutigen Nachbarn, die genauso aussahen, wie es Generationen in den „Amazing Stories" oder bei Perry Rhodan gelernt hatten.
Das pittoreske Design dieser vorauseilenden Phantasien war leider jeweils fünf Jahre nach den wilden Inszenierungen hoffnungslos veraltet. Die Autoren waren der Welt, in der sie lebten, doch zu sehr verhaftet. Sie steigerten nur das Vorfindliche ein wenig ins Stromlinienförmige, gerade so, daß es die Leser und Betrachter noch irgendwie plausibel fanden. Dabei übersahen sie leider manches, was nahelag, und viele Fragen von existentieller Bedeutung blieben unbeantwortet: zum Beispiel die, ob man da oben, im Weltraum-Urlaubsort, auch einen anständigen Kaffee bekäme oder ob es nicht besser wäre, ihn, wie damals nach Caorle, im Reisegepäck mit sich zu führen. An solch kleinen Beispielen zeigt sich, daß sie untauglich waren, diese Pläne der

Zukunft, diese Utopien, diese Szenarien der alltäglichen Wunder, filtriert aus der bloßen Fortschreibung der Mentalitäten der jeweiligen Zeit. Sie sind daher zu Recht nun Schnee von gestern, atomgeschmolzen.
Was nicht heißt, daß uns die Zukunft nicht weiter in Atem hält und immer wieder neue Visionäre sich an ihr versuchen, Auguren, Seher, Wahrsager, Astrologen, in zeitgenössischer Version: Futurologen. Sie verliehen der Zukunftsdeutung die akademische Würde, was gleichzeitig zu erhöhter publizistischer Aufmerksamkeit führte. Denn wissenschaftliche Vorhersagen eignen sich für „seriöse" Berichterstattungen weit besser als die Erkenntnisse aus der Glaskugel oder dem Kaffeesatz, den Sternen oder – wie es im letzten Jahr modisch wurde – dem Mond.

Alvin Toffler und Herman Kahn: Pioniere eines neuen Literaturgenres

Noch besser aber eignen sich die mutigen Visionäre, die die akademische Zukunftsforschung sowie vielfältige andere Erkenntnisse zusammenfügen und in ausgreifenden enzyklopädischen Werken für den Gebrauch des intellektualistischen Partygeplauders in den Busineß-Salons verdichten: die Trendforscher.
Eines der erfolgreichsten Bücher dieses Genres erschien vor genau 25 Jahren: „Future Shock" von Alvin Toffler. Sein Inhalt ist nicht angemessen zu beschreiben, denn er umfaßt alles. Der Kerngedanke besteht darin, daß die Menschen mit dem ausufernden Angebot an Möglichkeiten, mit dem *overchoice* nicht mehr zu Rande kommen und daß der Wandel sie irritiert. Toffler sah einen beängstigenden Zusammenbruch unserer Anpassungsfähigkeit voraus. Die Tragik lag nach seiner Auffassung allerdings darin, daß es unmöglich sei, präzise Aussagen über die Zukunft zu treffen. Dies sei jedoch kein Grund, über die Zukunft zu schweigen. „Wo harte Daten verfügbar sind", schreibt Toffler im Vorwort, „müssen sie natürlich in Betracht gezogen

werden. Wo sie jedoch fehlen, hat der verantwortliche Schriftsteller, ja sogar der Wissenschaftler, sowohl das Recht als auch die Verpflichtung, sich auf andere Formen der Evidenz zu beziehen, impressionistische oder anekdotische Befunde und die Meinungen von gut informierten Menschen inklusive. Ich habe durchwegs so gearbeitet und entschuldige mich keineswegs dafür."

Dieses Buch und dieses Motto dürfen als zündende Elemente für ein bestimmtes Genre der Sachliteratur gelten: *impressionistische Futurologie*. Das hört sich gut an und kaschiert die Methode: Beispiele zu sammeln, die in ein vorgefaßtes Bild von der Zukunft passen. Toffler war einer der ersten weltweit berühmten Autoren und Berater, die ihre Erfahrungen, Einsichten, Lesefrüchte, Zettelsammlungen, Gesprächsergebnisse und Phantasien zu spektakulären Werken verdichteten, deren Titelbegriffe um die Welt gingen. Die heutigen Stars der Szene müssen sich inspiriert gefühlt haben: John Naisbitt, der zu Zeiten von Tofflers erster globaler Prominenz noch erfolglos versuchte, eine Karriere als Unternehmensberater aufzubauen; Gerd Gerken, der in Berlin schon den postmodernen Geist pflegte, als er gleichzeitig gegen Springer demonstrierte und als Berater der Berliner Polizei arbeitete und wenig später die 1979 gescheiterte Werbeagentur OTW gründete; Gertrud Höhler, die zu diesem Zeitpunkt gerade über das Bibelzitat bei Wilhelm Raabe promovierte; und Faith Popcorn, die erste Schritte in ihrer New Yorker Werbeagentur Smith Greenland unternahm.

Die Faszination steigerte sich, als Toffler wirksam nachlegte. Zweimal noch, jeweils im Abstand von zehn Jahren, produzierte der Autor des Weltbestsellers „Future Shock" Aktualisierungen: „The Third Wave" (deutsch: „Die Zukunftschance") 1980, „Powershift" (deutsch: „Machtbeben") 1990. Die Bücher umfassen den Zeitraum von 1950 bis 2025, die Spanne eines Lebens von 75 Jahren also. Wie immer die enzyklopädische Sammlung an Daten, Anekdoten und Impressionen zu bewerten ist: die Bücher wurden zum Bestandteil der Planungen in Regierungen und Unternehmen. Toffler wurde zum Dollarmillionär.

Scheitern konnte er nicht. Denn die Methode, mit Wahrscheinlichkeiten, Szenarien, Projektionen und Wünschen zu argumentieren, läßt kein Scheitern zu – ebensowenig der Ausgangspunkt, daß wir in einer Welt des rasenden Wandels leben. Für die westlich geprägte, intellektuellen Spielereien aufgeschlossene Leserklientel ist es immer attraktiv, sich in einer Umbruchzeit zu wähnen, die moderne Version der Kanonade von Valmy zu erleben, in einem historischen Moment dabeigewesen zu sein.
Eher auf harte Fakten verließ sich, zumindest nach eigener Aussage, ein zweiter Vater der populärliterarischen Zukunftsdeutung: Herman Kahn. Dem 1922 geborenen Sohn mittelloser jüdischer Einwanderer in die USA wurde ein Intelligenzquotient von 200 nachgesagt. Seine Betätigungsfelder waren zunächst die angewandte Mathematik und die visionäre Kriegführung. Im Jahr 1961 entwickelte Kahn das Konzept der sogenannten „Doomsday Machine", die den Planeten in die Luft jagt, wenn sich ein Angreifer existenzbedrohend nähert. Wenig später gründete er das Hudson-Institut, das Zukünfte produzierte. Seine Bücher wurden ebenfalls Bestseller. Bedauerlicherweise lagen die Prognosen des Übergenies mitunter trefflich daneben, zum Beispiel, was die Entwicklungen in Frankreich und Deutschland betraf. Der Optimismus, der später zur Trademark John Naisbitts wurde, brach sich an den Wirklichkeiten. Statt der kontinuierlich sinkenden Energiepreise, wie Kahn sie vorausgesehen hatte, schossen die Kosten in den siebziger Jahren unkontrolliert auf und versetzten die Weltwirtschaft zweimal in eine veritable Panik. Die Sorge um die Überbevölkerung sei völlig unbegründet, schrieb Kahn, weil mit wachsendem Wohlstand die Geburtenrate zurückgehe. Nicht einmal bei 15 bis 20 Milliarden Menschen auf dieser Welt gebe es Energieknappheit, allenfalls temporäre Versorgungsschwankungen. Auch die Sorge um Nahrungsmittel- und Rohstoffknappheit sei unbegründet. Alle Probleme seien „Wachstumsschmerzen des Erfolgs".
Mit dieser rosigen Weltsicht kam Kahn zusehends in Bedrängnis. Anfang der achtziger Jahre geriet das Hudson-

Institut in finanzielle Schwierigkeiten und wurde vom österreichischen Motivforscher und Unternehmensberater Ernest Dichter übernommen. Herman Kahn, der Zukunftsforscher, starb, wie das Munzinger Archiv so trefflich formuliert, „unerwartet“ im Juli 1983 an einem Herzinfarkt.
Die beiden Beispiele sind lehrreich: Toffler stand und steht für impressionistisch ausschweifende, generelle Zustandsbilder dieser Welt, vermischt mit einer flächendeckenden Wiederholung altbekannter Selbstverständlichkeiten, beispielsweise über die neue Macht der Dienstleistungsindustrien und die Verlagerung der Arbeitsplätze, über die Gefährlichkeit der Machtzusammenballung und die gleichartige Gefährlichkeit der zu geringen Machtkonzentration.
Tofflers „Machtbeben“ bietet, wie es schon „Future Shock“ und „Third Wave“ tun, intelligente Übersichten über die populären Wissensbestände der Zeit. Allerdings in einer enzyklopädischen Breite, die zwei Fragen provoziert:
Woher weiß er das alles?
Und wie kann er sich auf so verschiedenen Feldern wie Politik und Wirtschaft, Technik und Kultur, Geschichte und Psychologie und vielen anderen ein ernstzunehmendes Urteil bilden?
Vielleicht ist es aber gerade diese ausufernde Vielfalt, die vorgeblich ganzheitliche Betrachtung, die den Reiz dieser Bücher ausmacht, einen Reiz übrigens, den wir aus modernen Massenmedien gewohnt sind. Auf 30, 45, 70 Kanälen und in ungezählten Tiefdruckmagazinen, Zeitungen und Specials läßt sich alles über die Welt erfahren, mit feuilletonistischen Überschriften und bunten Anekdoten, attraktiven Beispielen, prominenten Zeitzeugen, Statistiken, eingestreuten Zahlen, historischen Analogien, wissenschaftlichen Einsprengseln, hübschen Formulierungen („Zukunftsschock!“), sachkundigen Informanten und nachgespielten Dokumentationen, dramatischer Bebilderung und in Häppchen dargebotener Systematik. Wer „Machtbeben“ kauft, hat ein Kompendium universellen Halbwissens über Wirtschaft und Politik in der Hand.
Herman Kahn steht für eine andere Tradition: sein Metier

war die Präzision. Er formulierte konkrete Voraussagen für Frankreich oder Deutschland, für Japan und Australien – mit desaströsen Konsequenzen. Denn die Voraussagen waren konkret zu überprüfen. Und vieles zeigte sich eben in der Wirklichkeit in anderem Licht. Die Toffler-Methode scheint, zumindest was den langfristigen publizistischen Erfolg der Beraterindustrie betrifft, ergiebiger. Vor allem deshalb, weil er der Charakteristik der modernen Dienstleistungsgesellschaft entspricht: anzubieten, was die Nutzer selber auch könnten. Da aber die Zeit zur eigenen Lektüre von Zeitungen und Zeitschriften, die Zeit zu eigenen Gesprächen und zum Informationsaustausch fehlt, wird delegiert. Vor-Lesungen avancieren zu einem eigenen Dienstleistungssektor.

Daß dabei, wie es immer wieder von Kritikern der Beratungsgilde formuliert wird, nichts Neues zustande kommt, ist nebensächlich, vermutlich sogar Prinzip. Denn das vermittelt den Auftraggebern, die 300.000 Schilling oder 45.000 Mark für den Auftritt der modernen Auguren zahlen, das Gefühl der Sicherheit. Sie erhalten gegen Honorar eine Ordnung dessen, was sie immer schon wußten, und das beruhigende Gefühl, nicht allzuviel übersehen zu haben. Das ist wichtig, weil in der weltweit dramatisch vielfältiger werdenden Konkurrenz auf gleichen Sektoren die Geschwindigkeit der Produktinnovationen zu- und die Zeit, sich mit vermeintlichen oder tatsächlichen Entwicklungen zu beschäftigen, abnimmt. Klassische Marktforschung wird schon obsolet, bevor sie beendet ist, weil sich der Markt bereits ändert, während der Computer die Ergebnisse systematisiert. Und da ständig neue Tricks und Taktiken, Managementstrategien und Konzepte der Unternehmensführung, Motivationsideen und Organisationsmodelle in Umlauf gesetzt werden, gerät vor allem das mittlere Management unter Qualifikationsdruck. Die Mitglieder dieser Busineß-Schicht stehen zudem noch in harter Konkurrenz zu ihren Altersgenossen, da sie Angehörige der geburtenstarken Jahrgänge sind. Und von unten drängt die Jungschar, zwar zahlenmäßig weit schwächer, dafür aber um so wilder auf

eine Karriere. Das Gerede von der chancenlosen *Generation X* scheint derzeit überaus beflügelnd auf die Motivation des Nachwuchsmanagements zu wirken und – wie es ja nicht verwunderlich ist bei lautstark publizierten Trends – auch einen Gegenentwurf zu produzieren.
Und so ist eines der stets wiederkehrenden Argumente in den Fibeln und Bibeln der Schamanen und Gurus der Trendindustrie, daß die Konkurrenz wachsam sei und daß die Lektüre der Bücher und die Konsultation der jeweiligen Trendberater einen Vorsprung einräume. Logisch ist das nicht, wie der Reichweitenerfolg der Bücher, die Menge der Vorträge und die Verbreitung des Vokabulars nahelegen. Denn die Weisheiten der Trendberater werden damit zum Allgemeingut. Aber Logik ist nicht das Problem: Dieses Tourneetheater lebt von einer ganz anderen Attraktion: Es hat sich unentbehrlich gemacht, gerade weil seine Vorstellungen jedem jederzeit verfügbar sind. Gerade weil das Vokabular so selbstverständlich auch von den Medien übernommen wird: *Cocooning,* eine Kreation aus der New Yorker Firma der Faith Popcorn, tausendfach in wichtigen und weniger wichtigen Gazetten als gegeben hingenommen; die *Generation X,* ebenso selbstverständlich wie zuvor die *Yuppies* und ebenso unüberprüft zum vulgärsoziologischen Jargon der Publizistik avanciert; *Rezessionskultur, neue Bescheidenheit, fraktaler Markt, Corporate culture, visionäres Management:* Wörter als Massenware, eingefügt in Beiträge mit vorgeblich analytischem Charakter. Die Dinge verselbständigen sich: Weil sie so oft gesagt werden, müssen sie richtig sein. Oft sind sie auch richtig – nur so pauschal, daß sie im Alltag eines Unternehmens erst mühsam adaptiert werden müßten. An der Oberfläche bleibt indes der Eindruck des genialischen Entwurfs. So verbreiten sich die Begriffe im Kapillarsystem der Medien, die sich damit zu gefügigen Vertretern eines Millionen-Dollar-Geschäfts machen. Ihr Sammelbegriff: Trends, das Wort eines Jahrzehnts, Verdichtung und Anspruch auf vorauseilende Wirklichkeitsdefinition.
Das nämlich ist der wichtigste Rohstoff des Beratungser-

folgs der öffentlichen Konsulenten: den Wettlauf um die Definitionsmacht zu gewinnen und einen Begriff zu kreieren, der mit ihnen identifiziert wird. Das steigert den Marktwert des Namens und der jeweils assoziierten Beratungsfirma, heiße sie nun *Trendbüro, BrainReserve* oder *Institut für Trendforschung.*

Strategie und Absicht dieses Buches

Dieses Buch betrachtet nun die Szene von einer weniger faszinierten und mit Bedacht kritischen Seite – und zwar nach einer ausgiebigen Lektüre der Megaseller „Megatrends“ und „Spielregeln für Sieger“, „Trendzeit“, „Trendbuch“, „Trends für das Jahr 2.000“, „Megatrends 2.000“, „Global Paradox“ und wie sie sonst noch heißen mögen, nach dem Studium ungezählter Kolumnen der Beraterstars und Interviews über jedes auch nur erdenkliche Thema – Atomkraftwerke, Europa, Autoindustrie, China, Marktentwicklungen und Chaosforschung (immer wieder Chaosforschung) –, nach der Analyse von jeweils „Ersten“ Trendtagen in Frankfurt und Hamburg und der unausgesetzten Provokation durch buchstäblich Hunderte von Artikeln, Notizen und willfährige Rezensionen in allen auch nur erdenklichen Zeitschriften aller erdenklichen Branchen. Sie sind immer schon da, und sie sind immer wieder mit den altbekannten Einsichten da – die Stars des Beratungsgewerbes, die erzählen, wie es gemacht wird. Sie bleiben zwar nie, sanieren nie eine Firma, die Dichtungsringe herstellt oder Kabelbäume, Industriemineralien fördert oder Toner für Kopiergeräte mischt, Dessous zusammennäht oder Prozessoren für Computer entwickelt. Sie bieten nicht einmal eine Differenzierung nach Branchen an. Mikroelektronik? Ernährungsindustrie? Medizintechnik? Finanzdienstleistungen? Small scale services? Mischkonzerne? Handelsketten? Biotechnik? Werkzeugmaschinen? Raumfahrt? Flugzeughersteller? Chemie? Gibt es da nicht Unterschiede in den Trends? Demographische, technische, marktpolitische, regionale, organisatorische Unterschiede? Mit Einzelheiten hält man sich nicht auf. Einzelheiten sind Dinge des Alltags. Und der Alltag ist nicht die Sache der Visionäre.

Einige wenige haben sich in einer vielfältigen Konkurrenzsituation an die Spitze gekämpft. Wie vielfältig, zeigt das folgende erste Kapitel, das einen kleinen Ausschnitt aus den konkurrierenden Angeboten der Trendberatungen für ein offensichtlich unfähiges Management bietet – offensichtlich unfähig deshalb, weil die Flut der beratenden Bücher nur diesen Schluß zuläßt: Es herrschen Defizite, die Zeit halbwegs intelligent zu organisieren, Mitarbeiter zu motivieren, die gesellschaftlichen Entwicklungen und die Märkte zu durchschauen, der Konkurrenz angemessen zu begegnen oder einen verständlichen Kommunikationsprozeß zu organisieren, von der Ausarbeitung eines Unternehmensleitbildes ganz zu schweigen. Wozu, wenn nicht ein enormer Bedarf herrscht, werden sonst all diese Bücher geschrieben, die sich in den einschlägigen Buchhandlungen stapeln? Irritierend ist dabei vor allem eines: Die Zahl der gleichartigen Produkte steigt, mit ihr die Unübersichtlichkeit und die Schwierigkeit der Auswahl.

Am Ende bestimmt wie auf jedem Markt verwechselbarer Güter die irgendwie irrational oder emotional zustande gekommene Markenmacht eines Namens, ob man zugreift oder nicht. Diese Markennamen sind Gegenstände der dann folgenden Kapitel über John Naisbitt und seine Frau Patricia Aburdene, über Faith Popcorn, Gerd Gerken, Gertrud Höhler und schließlich über weitere Aspiranten, die aus der zweiten Reihe nachstoßen und versuchen, im einträglichen Geschäft der Trendberatung Fuß zu fassen. Sie müssen sich beeilen. Denn es scheint, daß die „Trendzeit“ sich ihrem Ende zuneigt. Immer häufiger wird gerade dies kritisiert: die mangelnde Umsetzungsmöglichkeit der schönen Worte im Alltag des einzelnen Unternehmens.

Wie Trends entstehen, wie sie publizistisch konstruiert und gleichsam aus der Wirklichkeit destilliert werden, zeigen dann die Kapitel über die Entstehung und den Niedergang eines Typus, den es eigentlich nie gab, der aber mit seinem

Vermächtnis bis heute die Stilistik unserer Gesellschaft nachhaltig prägt: des *Yuppie*. Er ist eine Marketingerfindung, ein Trend, der aus dem Geist der Konsumstrategen entstand. Die weiteren Kapitel zeigen, wie dieses Vermächtnis und seine demographische Grundlage sich heute ausnehmen.

Eines wird dieses Buch nicht bewerkstelligen – selber Trends zu formulieren. Da bleibt es bei Tofflers Einsicht: Man kann die Zukunft nicht vorhersagen. Man kann sie allenfalls in Szenarios fassen und gemeinsam darauf hinarbeiten, daß das Schlimmste verhütet und das Beste realisiert wird.

Eine Frage bleibt noch offen – warum sich keine österreichischen Repräsentanten unter den Beispielen finden. Die Antwort ist einfach: Erstens übt der transatlantische Import faszinierender Wunder (auch wenn er über deutsche Vermittlung abgewickelt wird) nach wie vor eine größere Wirkung aus als der Blick auf die alpenländische Alltagsrealität. Zweitens aber stammt vieles von dem, was von den heutigen Trend-Gurus formuliert wird, indirekt aus den Denklabors von Wissenschaftlern und Praktikern österreichischer Herkunft: von Paul Watzlawick, was die Kommunikation und Strategien der Konstruktionen von Wirklichkeiten angeht, von Peter F. Drucker, was die Taktiken modernen Managements, von Ernest Dichter, was Werbung und öffentliche Mobilisierung von Kunden betrifft, in deren Mentalität man sich zuvor sensibel eingefühlt hat. Alle drei dürften in den Bibliotheken moderner Unternehmer nicht fehlen. Schon aus diesem Grund nicht: Ihre Lektüre zeigt, daß die hundertfach verbreiteten populären Managementfibeln und Trendbeschreibungen, Ratschläge und Strategiekonzepte keineswegs neu sind, wie bahnbrechend ihr Begriffsrepertoire sich auch immer ausnehmen mag.

Ratgeber

DER NEUE TREND IN DER WIRTSCHAFTSLITERATUR

Im Labyrinth der Fachbuchbibliotheken

Dieses Kapitel ist eine Zumutung. Es muß eine Zumutung sein, denn das, was es beschreibt, ist ebenfalls eine: der unüberschaubare Wust an Literatur über Managementprobleme, Marktunsicherheiten, neue Trends und Praktiken, Tricks und Strategien, Persönlichkeitsbildung, Gedächtnistraining, Mitarbeitermotivation, Lern- und Denk- und Arbeitstechniken, über den Kampf mit der schwindenden Zeit in unserer sogenannten schnellebigen Epoche und die Gestaltung des Betriebsklimas, das heute in modisch verwirrendem Anglizismus *Corporate culture* heißt.
Als das Betriebsklima noch Betriebsklima genannt wurde, hatte jeder eine Vorstellung davon, was gemeint war. Es wurden Betriebsausflüge unternommen, Weihnachtsfeiern inszeniert und zu Dienstjubiläen goldene Uhren verteilt. Offensichtlich sind diese Strategien nicht mehr ausreichend. Denn *Corporate culture* – eingedeutscht: *Unternehmenskultur* – legt eine weit umfassendere Bedeutung nahe. *Kultur* ist zu einem – um es wiederum im modischen Vokabular der neuen Managementlehren zu formulieren – *ganzheitlichen* Begriff geworden. Er umfaßt alles, was ein Unternehmen und seine Umwelt ausmacht. *Kultur* ist ein undurchsichtiges Konglomerat von unendlich vielen vernetzten Elementen. Überall lauern Fehlerfallen, in die man trotz bemühten Bestrebens hineingeraten kann. Und je häufiger über *Unternehmenskultur* gesprochen und geschrieben wird, über *neue Führungsstile, Managementtaktiken, Bürokommunikation, Motivation, Ethik, Erfolgsfaktoren, Corporate identity, Mega-, Meta-* und sonstige *Trends, Fragmentie-*

rung der Märkte, Vernetzung und *Ganzheitlichkeit, neue Bescheidenheit, Multioptionalismus, Chaostheorie* und *Rezessionskultur,* desto unüberschaubarer wird der Weg in die Zukunft. Wo zahllose Lösungsversuche und Strategien angeboten werden, wächst die Unsicherheit. Es ist wie beim Grippeanfall, den man unvorsichtigerweise kundtut – vierhundertundzwei Hausmittel werden von fürsorglichen Mitmenschen genannt. Nähme man auch nur einen Bruchteil davon, wäre man gezeichnet fürs Leben. Aber eines der Mittel muß man nehmen.

Vage also ahnen die Verantwortlichen der Unternehmen, daß die *Corporate culture* ein höchst kompliziertes (Fachleute sagen auch mit diesem wissenden Augenaufschlag: *komplexes*) Phänomen darstellt und daß sie irgendwie strategisch gepflegt, *gelebt* werden muß.

Dazu nun gibt es eben jene Anweisungen, die mittlerweile die sprichwörtlichen Regale füllen. Eine opulent ausufernde Beratungsindustrie lebt von Vorschlägen, Unterweisungen, Trainingsangeboten, *Coachings,* Seminaren und Fibeln. Managerinnen und Manager, die sich gelegentlich in den einschlägigen Abteilungen der Buchhandlungen bewegen, werden beunruhigt die überbordende Fülle an Aufklärung zur Kenntnis nehmen und sich wie in der geheimnisvollen Bibliothek des toskanischen Klosters wähnen, die Umberto Eco in seinem Roman „Der Name der Rose" als kabbalistisches Labyrinth anlegte.

Dabei geht es nicht einmal um die große Zahl fach- und sachbuchartiger Darstellungen der neueren wissenschaftlichen Befunde aus der akademischen Betriebswirtschaftslehre oder aus dem Rechnungswesen, auch nicht um innovative Konzepte wie Franchising oder Beratungen auf dem Sektor des Leasings oder um neue Steuergesetze. Es steht außer Frage, daß auf diesen Gebieten wie auch im Controlling, in der EDV-Applikation für das Bürowesen oder in den neuen Herausforderungen durch die Außenhandelskontakte Aktualisierungen des Wissensstandes notwendig sind. Da gibt es klare Antworten. Und es gibt sinnvolle Seminarangebote, Beratungen und Spezialisten. Nur wenn es um

die Gestaltung eines motivierenden Alltags im Betrieb geht, wird die Literatur unübersichtlich, vage, schwer durchschaubar – so plausibel auch die These sein mag, daß der gesellschaftliche Struktur- und Wertewandel neue Methoden des Managements fordert.
Das Problem ist nur, daß jede Managerin und jeder Manager in konkreten Situationen eines konkreten Unternehmens handeln muß. Daß mit Traditionen umzugehen ist, mit besonderen historischen Gegebenheiten also; daß es bestimmte Menschen in einer bestimmten Region sind, die diese *Kultur* durch ihre *Kommunikation* prägen. Und vielleicht mögen diese Menschen Betriebsfeste und die Verleihung von goldenen Uhren zum fünfundzwanzigjährigen Dienstjubiläum und die seit hundert Jahren absolvierte Feier zum Fest der heiligen Barbara, auch wenn sie sich in der modischen Beratungsliteratur ausnehmen wie herkömmliche Waschmittel in einem Markt neuer blendender Marken: antiquiert, rückständig, gestrig. Nicht trendgerecht.
Unsicherheiten machen sich breit.
Also greift man zur Literatur. Aber zu welchem Buch? Zu welchem Autor? Wie ist aus den Tonnen bedruckten Papiers das richtige Werk herauszufinden?
Es ist eine Zumutung.
Eine Zumutung aus Titeln, von denen nur ein Bruchteil genannt werden muß, um drastisch zu verdeutlichen, welches Ausmaß die strategische Zukunftsplanung mittlerweile angenommen hat.

Einige aus eintausendsiebenhundert

Die folgende Liste ist in Zusammenarbeit mit der Hamburger Wirtschaftsbuchhandlung Thalia entstanden. Die kurzen Charakterisierungen sind so formuliert, wie sie ein Interessent aus Untertiteln und Klappentexten zur Kenntnis nehmen würde. Eine Wertung ist nicht beabsichtigt. Was hilfreich sein könnte, was richtungweisend, was bloße Scharlatanerie und heiße Luft, ist nicht erkennbar. In dieser Liste ebensowenig wie in der Buchhandlung. Die Zusammenstellung ist eine Zufallsauswahl aus etwa 1.700 Wirtschaftstiteln. Vorrangig sind die Bereiche berücksichtigt, die sich aus dem Struktur- und Wertewandel der sogenannten *Unternehmenskulturen* und der neuen Managementstile, der persönlichen Strategien für Erfolg und der Erkenntnis ergeben, daß Arbeit auch Kommunikation ist – Kommunikation der Mitarbeiter untereinander, Kommunikation der Hierarchien, Kommunikation des Unternehmens mit den Kunden. Nicht berücksichtigt sind die vielfältigen Ratgeber und eher fachlichen Werke über Lean Production, Projektmanagement, Unternehmensorganisation, Personalmanagement, Rechnungswesen, Logistik, Public Relations und Werbung, Verkauf, Rhetorik, Mobbing, Unternehmensgründung, Betriebswirtschaft, Materialwirtschaft, Controlling, Leitfäden für Bewerbungsgespräche, Außenhandel, interkulturelles Management, Joint-ventures.

Titel	Autoren	Verlag/ Jahr	Kurzcharakteristik
Über die Kultur des Unternehmens * 10/92	R. Lay	Econ 1992	Über Möglichkeiten „moralisch“ einwandfreie Gewinne zu machen
Technotrends	D. Burrus/ R. Gittiness	Ueberreuter 1994	Vier Technologien, die unser Leben revolutionieren werden
Jenseits des Egoismusprinzips	A. Etzioni	Schaeffer-Poeschel 1994	Ein neues Bild von Wirtschaft, Politik und Gesellschaft
Die neue Weltwirtschaft	R. B. Reich	Ullstein 1993	Das Ende der nationalen Ökonomie
Wirtschaft vor dem Abgrund	M. Wermter	Orell Füssli 1993	Wege aus der Rezession
Aufbruch zur Überlegenheit	R. Berth	Econ 1994	Das Ende des linearen Denkens. Innovation ab morgen. Wie Sie 50 Prozent Ihrer Vermarktungskosten sparen können
Change Management	R. Czichos	Reinhardt 1993	Konzepte, Prozesse, Werkzeuge für Manager, Verkäufer, Berater, Trainer

Titel	Autoren	Verlag/ Jahr	Kurzcharakteristik
Creativität & Chaos-Management	R. Czichos	Reinhardt 1993	Wege aus Managementkrisen
Das virtuelle Unternehmen	W. Davidow/ M. S. Malone	Campus 1993	Der Kunde als Coproduzent
Der Samurai-Faktor	A. Drosdek	Langen-Müller 1994	Durch Chaos-Management aus der Krise
Quantensprung	A. A. Grässle	C. H. Beck 1993	Durch Veränderungsmanagement zur Unternehmensidentität
Management des Wandels	J. M. Kobi	Haupt 1994	Die weichen und die harten Bausteine erfolgreicher Veränderung
Evolutionäres Management	E. Lazlo u. a.	Paidia 1992	Globale Handlungskonzepte
Zukunft im Kopf	K. Magyar/ P. Prange	Haufe 1993	Wege zum visionären Unternehmen
Outsmarting	J. J. McGonagle/ C. M. Vella	Schäffer-Poeschel 1994	Wie man der Konkurrenz ganz legal in die Karten schaut
Benchmarking	J. Meyer	Schäffer-Poeschel 1994	Spitzenleistungen durch Lernen von den Besten
Die MOP-Formel	A. Preis	Gabler 1994	Erfolgsstrategien für dynamische Unternehmer
Das Semco-System	R. Semler	Heyne 1993	Fallstudie: Management ohne Manager
Fünfzig Ein-Minuten-Tips für erfolgreiche Kommunikation	P. Bozek	Überreuter 1992	Die neue Linie im Business
Schneller, besser, anders kommunizieren	G. Grote	Teubner 1993	Die vielen Gesichter der Bürokommunikation
Aufschwung durch Kommunikation	B. v. Mutius/ P. E. Gossklaus	MI 1993	Erfolgskonzepte für das Management der Zukunft
QFD – Quality Function Development	Y. Akao	MI 1992	Wie die Japaner Kundenwünsche in Qualitätsprodukte umsetzen

Titel	Autoren	Verlag/ Jahr	Kurzcharakteristik
Total Quality Management	H. U. Frehr	Hanser 1993	Unternehmensweite Qualitätsverbesserung. Ein Praxisleitfaden für Führungskräfte
Die Mitarbeiter im Total Quality Management	R. Bühner	Schäffer-Poeschel 1993	Technik und Wirtschaft – integriertes Management
Qualität 2.000	P. B. Crosby	Hanser 1994	Kundennah, teamorientiert, umfassend: „Completeness" in deutscher Ausgabe
Quality Circle und Lernstatt	J. Deppe	Gabler 1992	Ein integrativer Ansatz
Der schnelle Weg zur Qualität	R. Junks	Hanser 1994	Ein 12-Monats-Programm für kleine und mittlere Unternehmen
Der neue Juran	J. M. Juran	MI 1993	Qualität von Anfang an
Die Hohe Schule des Total Quality Management	G. F. Kamiske (Hrsg.)	Springer 1994	Qualifizierte Persönlichkeiten vermitteln den derzeitigen Wissensstand
Unternehmensqualität	K. Kottmann (Hrsg.)	Teubner 1993	Überblick über die Erfolgsfaktoren eines Unternehmens
Brennpunkt TQM	C. Malorny/ K. Kassebohm	Schäffer-Poeschel 1994	Rechtliche Anforderungen; Führung, Auditierung und Zertifizierung
Total Quality Management	A. Oess	Gabler 1994	Die ganzheitliche Qualitätsstrategie
Total Quality Management	A. Toepfer/ H. Mehdorn	Luchterhand 1993	Anforderungen und Umsetzung in Unternehmen
Qualität als Managementaufgabe	K. J. Zink (Hrsg.)	MI 1992	Total Quality Management
Wien wartet auf Dich!	T. DeMarco/ J. Lister	Hanser 1991	Der Faktor Mensch im DV-Management
Wir und ich	U. Schubert/ G. Schubert	Dtsch. Sparkassenvlg.	Produktive Teamarbeit und Konfliktbewältigung
Amerikanisches Keiretsu	D. Burt/ M. Doyle	Econ 1994	Die neue Waffe zur Kostensenkung

Titel	Autoren	Verlag/ Jahr	Kurzcharakteristik
Kaizen	M. Imai	Langen-Müller 1993	Der Schlüssel zum Erfolg der Japaner
Die Japan-Diät	I. Kobayashi	MI 1994	120 Schritte zum schlanken Unternehmen
Die fraktale Fabrik	H. J. Warnecke	Springer 1993	Revolution der Unternehmenskultur
Der Minuten-Manager	K. Blanchard/ S. Johnson	Rowohlt 1993	Tips und Tricks
Eine Minute für mich	S. Johnson	Wunderlich 1994	Streßbewältigung
Das Minuten-Verkaufstalent	S. Johnson/ L. Wilson	Wunderlich 1994	Mitarbeiterführung
Der Minuten-Manager: Führungsstile	K. Blanchard/ Zigrami	Rowohlt 1994	Verkaufstraining
Der Minuten-Manager und der Klammeraffe * 6/91	K. Blanchard u. a.	Rowohlt 1991	Effektives Zeitmanagement
Der Minuten-Manager: Fitness	K. Blanchard/ Edison	Rowohlt 1994	Gesundheitsprogramm für Mitarbeiter
Der Minuten-Manager schult Hochleistungs-Teams	K. Blanchard u. a.	Rowohlt 1994	Wie aus einem „wilden Haufen" ein Spitzenteam wird
Das Memo-Management	R. Khadem/ R. Lorber	Rowohlt 1994	Organisation von Papierflut
I Ging für Manager	G. Damian-Kight	Diederichs 1993	Entscheidungsfindung und Unternehmensstrategie mit dem alten chinesischen Orakel
Das Ende der Hierarchie?	R. Diehl	Junfermann 1993	Der Geist der neuen Führung
Wie man sich Feinde schafft	R. Lay	Econ 1994	Ein Plädoyer gegen Gewalt
Die 6 Erfolgsfaktoren des Managements	K. Nagel	MI 1993	Strategie, Organisation, Mitarbeiter, Führungssystem, Informationssystem, Kundennähe

Titel	Autoren	Verlag/ Jahr	Kurzcharakteristik
Jenseits der Hierarchien. Liberation Management	T. Peters	Econ 1994	Management im Mittelstand
Kreatives Chaos	T. Peters	Hoffmann & Campe 1988	Die neue Managementpraxis
Power Management	J. Pfeffer	Überreuter o. J.	Wirkungsvoll führen
Der Plus-Minus-Manager	J. Wareham	Haufe 1993	Welche Qualitäten brauchen Führungskräfte?
Führen lernen	W. Bennis	Campus 1990	Tips für Führungskräfte
Chefbrevier	M. Birkenbihl	mvg 1992	Geheimnisse erfolgreicher Führungskräfte
Zack!	W. C. Byham/ J. Cox	MI 1993	Der Blitzschlag von Motivation und Begeisterung
Der Superboss	D. Freemantle	mvg 1990	Checklisten zur besseren Mitarbeiterführung
Die fünfte Dimension der Führung	R. Mann	Econ 1993	Der Faktor Persönlichkeit
Dreidimensional führen mit Verstand, Gefühl und Intuition	P. Müri	Ott 1990	Zwei Bände: 1. Grundlagen 2. Anwendungen
Führungsjudo	P. S. Pütter	Datakontext Vlg. 1994	Die menschliche Komponente in der Führung
Mythos Motivation * 6/93	R. K. Sprenger	Campus 1993	Wege aus einer Sackgasse
Machtspiele für kleine Teufel	H. Drummond	MI 1994	Mit List und Tücke an die Spitze
Integriertes Eventmarketing	W. Kinnebrock	Forkel 1993	Vom Marketing-Erlebnis zum Erlebnis-Marketing
Guerilla Marketing * 9/91	J. C. Levinson	Campus 1991	Offensives Werben für kleinere Unternehmen
Guerilla Marketing für Fortgeschrittene	J. C. Levinson	Campus 1994	50 goldene Regeln
Die 22 unumstößlichen Gebote im Marketing	A. Ries/ J. Trout	Econ 1993	Regelwerk für Strategien

Titel	Autoren	Verlag/ Jahr	Kurzcharakteristik
Erlebnismarketing	P. Weinberg	Vahlen 1992	Tips und Beispiele
Das goldene Marktsegment	H. Meyer-Hentschel	Deutscher Fachverlag 1991	Produkt- und Ladengestaltung für Senioren
Vom Flop zum Renner	M. Gershman	Campus 1993	Kreative Strategien des Remarketing
Produkte als Botschaften * 11/93	H. Karmasin	Überreuter 1993	Einzigartigkeit und Unverwechselbarkeit von Produkten
Praxis des Design-Marketing	A. D. Little	Campus 1990	Verpackung als Produktidentität
Total Quality Service	K. Albrecht	Econ 1993	Neue Kundenorientierung
Service total	W. H. Dawidoff	Campus 1992	Konkurrenzfähigkeit durch Kundendienst
Service entscheidet	J. Horovits	Campus 1992	Wettbewerb um Kunden
Damit der Kunde König wird	K. A. Noble	mvg 1993	Mehr Umsatz durch verbesserten Service
Der Kunde ist der Boß	R. Whitely	Haufe 1993	Die kundenorientierte Firma
Die 1:1 Zukunft	D. Peppers/ M. Rogers	Haufe 1994	Strategien für individuelles Kundenmarketing
Corporate Identity	G. Achterholt	Gabler 1991	In zehn Arbeitsschritten die eigene Identität finden und umsetzen
Erfolgsfaktor Image	A. Demuth	Econ 1994	Entwicklung von Imagevorteilen
Corporate Policies	Handbuch	Econ 1992	Wie ein Unternehmen erfolgreich auftritt
Image	K. Huber	MI 1990	Corporate Image, Produktimage, Markenimage
Das CI-Dilemma	I. Keller	Gabler 1993	Abschied von falschen Illusionen
Quality Culture	S. G. Renner	Orell-Füssli 1994	Unternehmenskultur für die Zukunft
Erfolg	R. Berth	Econ 1993	12 Strategien für Überlegenheitsmanagement

Titel	Autoren	Verlag/ Jahr	Kurzcharakteristik
Taktiken und Strategien erfolgreicher Menschen	E. d. Bono	mvg 1991	Erfolgsfaktoren erkennen mit Checklisten
Der neue Manager-Knigge	H. Bürkle/ B. Brogsitter	Econ 1993	Verhalten für persönlichen Erfolg
Personality Marketing	C. Ewert	Orell-Füssli 1993	Der Weg zum erfolgreichen Menschen
Die Philosophie des Erfolges	N. Hill	Rentrop 1993	Weitere Ratschläge für erfolgreiches Verhalten
Das Geheimnis des Erfolgs	O. Mandino	Rentrop 1992	Noch mehr Ratschläge
Ab heute erfolgreich	A. R. Stielau-Pallas	Rentrop 1993	Sofortstrategien zur Konsolidierung des Erfolgs
Manieren und Karriere	R. Wrede-Grischkat	Gabler 1992	Verhaltensnormen für Führungskräfte
Hurra, ein Problem	B. Adriani u. a.	Gabler 1989	Kreative Lösungen im Team
Brain Land	M. Beyer	Junfermann 1993	Mind Mapping in Aktion
Stroh im Kopf?	V. F. Birkenbihl	Gabal 1992	Gebrauchsanweisung fürs Hirn
Edward de Bonos Denkschule	E. d. Bono	mvg 1990	Zu mehr Innovation und Kreativität
Die sieben Wege zur Effektivität * 9/92	S. R. Covey	Campus 1992	Ein Konzept zur Meisterung des beruflichen und privaten Lebens
Die Mokassins des Indianers	B. Gideon	Oesch 1992	Sich durchsetzen, ohne zu verletzen
Vitamine und Verträge	P. Rademacher/ P. Kulbatzki	MI 1993	Das Fitneßprogramm für Manager
Brain Building	M. v. Savant	Falken 1994	Das Supertraining für Gedächtnis, Logik, Kreativität
Anleitung zum ganzheitlichen Denken und Handeln	H. Ulrich/G. Probst	Haupt 1991	Die 7 Bausteine des ganzheitlichen Denkens
Zeit haben für den Erfolg	P. Walter/ K. Rempe	Dtsch. Sparkassenvlg. 1990	Tips zum Selbstmanagement

Titel	**Autoren**	**Verlag/ Jahr**	**Kurzcharakteristik**
Zeitmanagement	G. Beyer	Econ 1992	Richtiger Umgang mit der Zeit
Ich habe immer Zeit	C. Gaedemann	Ariston 1992	Zeit nutzen, Zeit sparen, Zeit haben
Time Power – Zeit gewinnen mit System	C. R. Hobbs	Sauer 1989	Ratschläge zum Zeitmanagement
Mehr leisten – weniger arbeiten	M. LeBœuf	mvg 1991	Doppelter Erfolg in der halben Zeit
Körpersprache für Manager	H. Rückle	MI 1992	Ohne Kommentar
Satanische Verhandlungskunst und wie man sich dagegen wehrt	W. Ruede-Wissmann	Langen-Müller 1993	Tricks gegen Übervorteilungen
Der kleine Macchiavelli	P. Noll/H. R. Bachmann	Pendo 1988	Tricks, andere zu übervorteilen

Die mit einem * gekennzeichneten Titel sind in den angegeben Ausgaben des Wirtschaftsmagazins „trend" besprochen worden.

Schneisen durch den Dschungel der Beratungsliteratur

Wer auf USA-Reisen in eine der dortigen Megabuchhandlungen kommt, wird den Eindruck gewinnen, daß es sich hier wieder einmal um ein amerikanisches Phänomen handelt: sich die Alltagswelt in allen erdenklichen Facetten durch strategische Planung untertan zu machen. Viele der zuvor genannten Titel sind daher auch amerikanischen Ursprungs. Sie dokumentieren eine Art anerzogenen Nationalcharakter: Pragmatismus. Vor Jahrzehnten hob ein gewisser Dale Carnegie dieses Genre der modernen Lebenshilfe aus der Taufe und begründete eine literarische Tradition, deren Elaborate sich mit wenig Phantasie sämtlich auf ein Grundmotiv zurückführen lassen: „How to succeed". Gleich ob es darum geht, Freunde zu gewinnen, Millionär zu werden, Gewicht zu verlieren, das Gedächtnis zu trainieren, es ist ein Brevier vorhanden, in dem Tricks und Tips zusammengefaßt sind. Die Welle dieser „Dale-Carnegie-Literatur" hat nun auch Europa erfaßt. Das ist einer der stärksten Trends, die es gegenwärtig zu verzeichnen gilt. Diese Vielzahl an Lösungsangeboten läßt das suchende Management allerdings in wirren Träumen, wenn nicht schlaflos zurück. Und das am wohlverdienten Wochenende, weil meist nur am Wochenende Zeit ist, wenigstens die Schaufenster der Buchgeschäfte zu studieren. In der Not wird man auf jene Angebote zurückgreifen, die durch bereits bekannte Namen auffallen, durch Personen, die in populären Zeitungen und Zeitschriften erwähnt wurden, die gut besuchte Vorträge gehalten haben, die international gehandelt werden wie Stars: eben jene Naisbitt, Popcorn, Gerken, Höhler, Horx. Damit bestätigt sich die Logik eines Unternehmenszweiges, der eine geradezu perfekte Markterschließungspolitik betreibt, der aus der Unsicherheit entsteht, die er selbst erzeugt. Wer könnte diese Unsicherheit besser kompensieren, als die, die sie durchschaut, diagnostiziert, benannt und schließlich in Bestsellern unters Volk gebracht haben? So sind also auf bequeme Art und Weise Schneisen in den unübersichtlichen Dschungel geschlagen – und zwar von denen, die sich auf dem Markt der Problemdefinitionen am besten durchgesetzt haben; darunter am erfolgreichsten wieder von denen, die die rosigsten Lösungen anbieten; unter diesen schließlich vor allem von John Naisbitt.

Megaoptimismus
JOHN NAISBITT

Der erste Trendbestseller

Fast hätte er es geschafft, daß allein mit seinem Namen ein neuer Industriezweig der nachindustriellen Gesellschaft verbunden wurde: John Naisbitt, Erfinder des Begriffs der „Megatrends", wenn nicht im Zuge des wichtigsten Trends des ausgehenden 20. Jahrhunderts – der nuancierten Imitation von Erfolgskonzepten – allerlei verwandte Seelen den Reiz der Naisbitt-Methode für schnellen Reichtum auch für sich entdeckt hätten. Faith Popcorn zum Beispiel, die im Gefolge des ersten Naisbitt-Supersellers „Megatrends" auftrat und den Windschatten der Begeisterung für die neuen Trendprognosen zu blumigen Eigenkreationen nutzte. Das war Mitte der achtziger Jahre, als das Interesse am weltweit achtmillionenmal verkauften Naisbitt-Report „Megatrends" ein wenig erlahmte und man neue unterhaltsame Zukunftsvisionen brauchte. Nicht zuletzt deshalb, weil in ungezählten Interviews von Naisbitt immer wieder dieselben zehn Trends rezitiert wurden, deren erster diese bahnbrechende Einsicht in Worte faßte:

- Aus der Industriegesellschaft wird eine Informationsgesellschaft.

Was gab es sonst noch Neues?

- Wir bewegen uns in einer Doppelwelt von *High-Tech* und *High-Touch,* was bedeutet, daß jede technologische Lösung durch einen kompensatorischen menschlichen Faktor ergänzt wird.
- Der Luxus, innerhalb eines isolierten, selbstgenügsamen Systems der nationalen Volkswirtschaft zu leben, wird ersetzt durch die Globalisierung der Wirtschaft.
- Die Gesellschaft verliert die Hektik kurzfristiger Ent-

scheidungskriterien und basiert immer mehr auf langfristigen Planungen und Bezugsrahmen.

- Sowohl in den Kommunen als auch in den Staaten werden die kleinen Einheiten gestärkt. Die innovative Kraft dieser kleinen dezentralisierten Einheiten wird zunehmen.
- Die gesellschaftliche Ideologie des Sozial- und Wohlfahrtsstaates bewegt sich weg von der Basis der institutionellen Hilfe und hin zur Selbsthilfe.
- Die repräsentative Demokratie verändert sich immer stärker zur partizipativen Demokratie.
- Die formalen Hierarchien lösen sich zusehends auf und geben informellen Netzwerken Raum. Dies wird insbesondere in der Wirtschaft zu deutlichen Umstrukturierungen führen.
- Immer mehr Amerikaner werden im Süden und Westen leben. Der Norden verliert seine Wirtschaftskraft.
- Das Zeitalter der klaren Alternativen weicht den *multiplen Optionen.*

Es gab zweierlei Reaktionen auf diese bahnbrechenden Einsichten:

Erstens: kritikloses journalistisches Recycling. Kommentarlos wurde der Dekalog abgedruckt oder in Interviews mit dem neuen Guru, der nach dem Wunsch seiner Mutter ehedem Priester hätte werden sollen, durch klug gemeinte Fragen noch einmal auf den Plan gerufen.

Zweitens: Verrisse.

Die erste Strategie war erfolgreicher. In einer Welt, die die Vernichtung von Regenwäldern, Klimaveränderungen, Aids und Umweltschäden, neue Armut, unkontrollierte Atomtechnik und die sinkende Macht der UNO zur Kenntnis nehmen mußte, der man in allen erdenklichen medialen Formen täglich mit wachsender Kriminalität und Brutalität auf die Nerven ging, wirkten die Visionen einer strahlenden Zukunft wie eine Überdosis Baldrian. Naisbitt und seine Frau Patricia Aburdene, die ihn in den sechziger Jahren zur New-Age-Philosophie geführt hatte, wurden Stammgäste in den Busineß-Salons der Welt, die sich Seminare nennen.

Dort drehte sich die Recyclinganlage weiter, reproduzierte das Bekannte, flocht hier und da Aktuelles ein (so die „Megatrends für Frauen“) und wurde immer teurer. Honorare von 30.000 bis 35.000 Dollar wurden gern bezahlt, weil die Auserwählten, die als Hörer zu solchen Séancen zugelassen waren, bereitwillig selber einen Tausender auf den Tisch legten.

Heute, 15 Jahre nach der ersten Publikation dieser Trends und Hunderte von Naisbitt-Interviews und einen zweiten Bestseller über die „Megatrends 2.000“ später, erscheinen die Weissagungen des Jahres 1980 nur noch trivial. Dies aber nicht, weil sie durch die „Megatrends 2.000“ falsifiziert oder überhöht oder aktualisiert worden wären. Vielmehr zeigte sich nach der Veröffentlichung des neuen Naisbitt/Aburdene-Elaborats, daß im Prinzip dieselben, aus der heftigen Lektüre amerikanischer Zeitungen gewonnenen Einsichten noch einmal auf den Tisch kamen. Ihre einzige Faszination lag darin, daß man einfache Vokabeln serviert bekam, mit deren Hilfe sich komplizierte Probleme elegant wegplaudern ließen.

Die Reaktionen?

Erstens: kritikloses journalistisches Recycling. Kommentarlos wurde auch der neue megaoptimistische Dekalog abgedruckt oder in Interviews durch klug gemeinte Fragen noch einmal auf den Plan gerufen. Wie gehabt also – ein gigantischer Werbefeldzug für die Consulting-Firma Naisbitt Group, Marktkonsolidierung in einer wachsenden Konkurrenzsituation nachwachsender Trendberater.

Zweitens: Verrisse, die wörtlich aus den Reaktionen auf die ersten „Megatrends“ hätten abgeschrieben sein können oder umgekehrt damals auch gepaßt hätten. Sie blieben auch ebenso wirkungslos wie damals. Der Grund: Sie waren zu kompliziert, testeten beckmesserisch die Behauptungen gegen Wirklichkeiten ab und wirkten irgendwie zu wissenschaftlich, so etwa, wenn „Der Spiegel“ schrieb: „Die alte bürgerliche Hoffnung, daß der Mensch eine letzte Instanz sei, in der das Denken und Fühlen, die Triebe und das Gedächtnis integriert würden, ist hier auf den Kurzschluß zwischen Produktions- und Konsumtionseinheiten geschrumpft. Krankheit, Einsamkeit, Langeweile, Angst, Sucht, Streß und Drogen sind fast ausgeblendet, Aids oder gar Hunger sowieso.“ Mäkelei, die sich angesichts der mittlerweile bereits vierzehnmillionenmal verkauften Naisbitt/Aburdene-Zukunftsbibeln leicht wie der Neid der Intellektuellen ausnimmt, die ihre Chance verpaßt haben, aus Lebensbejahung Kapital zu schlagen.

Neue Megatrends und noch mehr Optimismus

Schwarze Utopien waren und sind ja ebenfalls in großer Zahl in Umlauf: gläserne Menschen durch Chip-cards und mikroelektronische Vernetzungen, gentechnischer Terror durch die Konstruktion von roboterähnlichen Humanoiden, die alle aussehen wie Tom Cruise oder Claudia Schiffer, neue Superwaffen mit Konsequenzen auf die menschliche Erbmasse, eine Milliarde Chinesen auf Reisen, steigende Kriminalität, eine grotesk überalterte Gesellschaft, Völkerwanderungen von Wirtschaftsflüchtlingen, ökologischer Kollaps und vierwöchiger Megastau von Hammerfest bis Brindisi. Die goutierliche Freude, mit der Apokalyptiker diese Szenarien entwarfen und ausmalten, nicht selten auch mit der Absicht politischen Terraingewinns, ebnete dem Megaoptimismus den Weg: Good news als Sensationen.

Und so wird der Beginn des nächsten Jahrtausends zum Beginn des Goldenen Zeitalters verklärt, hier nur in Stichworten noch einmal in Erinnerung gerufen:

- Wir erwarten eine Blüte der Weltwirtschaft.
- Wir erleben das Ende des Sozialismus.
- Dezentrale Strukturen gewinnen an Bedeutung.
- Nationale Werte erleben eine Renaissance.
- Der pazifische Raum gewinnt globale wirtschaftliche Bedeutung.
- Die schönen Künste nehmen ebenfalls an Bedeutung zu.

- Frauen auch.
- Wir treten in das Zeitalter der Bio- und Gentechnik ein.
- Religionen erstarken.
- Das Individuum triumphiert über den Wohlfahrtsstaat.

Noch einmal: „Megatrends 2.000" erschien 1990. Keine der von Naisbitt und Aburdene auf 500 Seiten geradezu wagnerianisch intonierten neuen Einsichten waren zu diesem Zeitpunkt noch wirklich neu. Das Ende des Sozialismus zu prognostizieren, nachdem die Liberalisierungswelle in vollem Gange war, nachdem Ungarn seine Grenzen geöffnet und die ehemalige DDR ihre Mauer hatte niederreißen müssen, Gorbatschow Glasnost und Perestroika eingeleitet hatte, war so schwer nicht. Auf dem Höhepunkt der feministischen Debatte und der politischen Reaktion durch Gleichstellungsbeauftragte einen Aufstieg der Frauen vorherzusagen, brauchte wenig prognostischen Mut. Das gleiche gilt für die Biotechnik, die Wirtschaftskraft des pazifischen Raums und die anderen ausgreifenden Visionen.

Worin lag aber dann die Attraktivität? Ganz einfach: Tell people what they expect to hear! Erzähl den Leuten nichts Neues, sondern faß das, was sie wissen, in neue, übersichtliche Begriffe. Naisbitt selbst gibt das im Vorwort der Taschenbuchausgabe von „Megatrends" unumwunden zu. „Während ich durchs Land reiste und mit den Leuten über die Ideen in diesem Buch sprach, war das meistformulierte und erstaunlichste Argument ungefähr dieses: ‚Irgendwie kenne ich alle die Dinge, die Sie in Ihrem Buch geschrieben haben. Aber Sie haben sie für mich zum ersten Mal zusammengefügt.'"

Vor-Lesung. Dienstleistung. *Intellectual consulting.*

Damit erfüllt sich letztlich eine der wichtigsten und ältesten Trendvorhersagen – freilich eine, die nicht aus den Denklabors der Naisbitt-Group stammt, sondern von einem Soziologen, dessen Hauptwerk in dieser Bestandsaufnahme des Trendgeschäfts noch häufiger angesprochen wird – von Daniel Bell. In „The Coming of the postindustrial Society" stellte Bell 1973 fest, daß die tertiären Industrien, die Dienstleistungen, an Bedeutung und Wirtschaftskraft alle anderen

Industrien überholen würden. Naisbitt, Popcorn, Gerken, Höhler und hundert andere weniger prominente Vertreter der Branche sind ein schlagender Beleg für Daniel Bells luzide Vorhersage: So wie der Pizza-Service das Kochen besorgt, übernehmen die Trendforscher das Lesen und Denken und geben den Bezugsrahmen und die Vokabeln vor.
Daß Bell die „Megatrends" mit öffentlicher Irritation zur Kenntnis nahm, verwundert niemanden, der sein Buch kennt. Denn vieles von dem, was Naisbitt damals über die Informations- und Dienstleistungsgesellschaft schrieb, war (abgesehen davon, daß es auch bei Toffler zu lesen war) längst in den Arbeiten des Harvard-Soziologen abgehandelt, der sich im übrigen sehr früh schon auch mit den Methoden der Prognostik beschäftigte.

Die Methoden der modernen Orakel

Noch eine kleine Zumutung: ein Unterkapitel darüber, wie es geht und wie Naisbitt es macht. Irgendwo muß es sein, auch wenn sich Methodisches immer nur sperrig darstellen läßt. Da aber alle Trendforscher ungefähr nach demselben Verfahren arbeiten, ganz gleich, ob sie es nun *Monitoring, Scanning* oder *Content analysis* nennen, ist es hilfreich, dieses Verfahren darzustellen – in seinen Stärken und in seinen Schwächen. Wer sich nicht dafür interessiert, mag diesen Paragraphen überblättern und zur Kenntnis nehmen, daß die wesentliche Quelle der Inspiration – Zeitunglesen ist.
Welche Methoden hat die akademische Zukunftsforschung entwickelt?
In einem vielbeachteten Beitrag für die französische Zeitschrift „SEDEIS, Futuribles" beschrieb Daniel Bell im Jahr 1963 die wesentlichen Elemente einer verantwortlichen Prognose („Douze modes de prévision en science sociale"), auf die sich 1967 in der „Deutschen Zeitschrift für Philosophie" A. Bauer und H. Kosin hinsichtlich Problemen der Gesellschaftsprognose und der Politik in Deutschland bezo-

gen. Daß sich zu ebendieser Zeit auch philosophische Fachzeitschriften mit der Prognostik beschäftigten, lag an der Konjunktur des Themas. Eben waren die ersten Menschen auf dem Mond gelandet, hatten dort den großen Schritt für die Menschheit bejubelt und die Science-fiction-Phantasien beflügelt. Die Wirtschaftswissenschaften entdeckten die *Operations research*- und Netzplantechniken, die Kybernetik, Entscheidungs- und (damals schon) die Spieltheorie und die Methoden des *Scenario writing.* Die Aufbruchsstimmung der revolutionären Linken an den Universitäten der Industriegesellschaften richtete sich in eine utopische Zukunft. Trotz aller ideologischen Unterschiede zwischen diesen Positionen herrschte so etwas wie ein neuer Pragmatismus, eine neue Lust am Machbaren, und machbar schien zur Zeit der Mondlandung fast alles.

Als informative Übersicht über den Stand der Prognosetechniken und den Gegenstand der Futurologie ist ein Buch des Berliner Professors Ossip K. Flechtheim zu empfehlen, das 1973 erschien: „Futurologie". Wer es kürzer wünscht, kann Jürgen Bommers Aufsatz über „Die Methoden der Zukunftsforschung" lesen, publiziert in der Nummer 5 des 69er Jahrgangs der Zeitschrift „Analysen und Prognosen". Bommer faßt seine Literaturschau in vier generellen Prognoseformen und die jeweils notwendigen Techniken zusammen:

1. Die *intuitive Vorausschau,* in der sich Erfahrung und Sachinformation, vermischt mit möglichst genialer Phantasie, zur Projektion oder Prognose verdichten. Die Techniken: Brainstorming, Delphi-Methode, Science-fiction, Utopien.

2. Die *explorative Vorausschau,* die – ausgehend vom Niveau gesicherten Wissens – erforschend die weitere Entwicklung unter bestimmten verschiedenen Voraussetzungen sichtbar macht. Die Techniken: Zeitreihen- und Trendextrapolationen, *Contextual mapping,* Morphologiestudien, Szenarios, historische Analogien, Strukturanalysen, Querschnittanalysen, Substitutionsanalysen, Input-Output-Analysen, Diffusionsanalysen.

3. Die *projektive Vorausschau,* die – ausgehend von einer bestimmten Zielvorstellung – rückwärts bis zur Gegenwart die erforderlichen Voraussetzungen und Strategien ermittelt. Die Techniken: Präferenzanalysen, Entscheidungsmodelle, Relevanzbäume, Netzplantechniken, Optimierungsverfahren wie die linearen, nichtlinearen oder dynamischen Programmierungen, Spieltheorie.

4. Die *rekursive Vorausschau,* die intuitiv, explorativ oder auch projektiv angelegt sein kann, deren Besonderheit es jedoch ist, daß die erreichten Ergebnisse zur Korrektur der Strategien herangezogen werden. Die Techniken: integrierte Management-Informationssysteme, Früherkennungsysteme.

Das war der Stand Ende der sechziger Jahre, der in der Folge allenfalls noch durch neue Methoden und Techniken differenziert wurde.

Welche Methode nun benutzt Naisbitt?

Nach eigenem Bekunden stützt er sich hauptsächlich auf die Technik der *Inhaltsanalyse,* englisch: *content analysis.* Da sie mit wenigen Modifikationen die Recherchemethode aller Trendforscher darstellt, soll ihr an dieser Stelle eine erläuternde Passage gewidmet werden.

Die Inhaltsanalyse ist im Ursprung eine wissenschaftliche Methode, die, wie Bernard Berelson, Mitarbeiter von Paul Lazarsfeld am Bureau of Applied Social Research der New Yorker Columbia Universität 1952 in einem bis heute gültigen Standardwerk schrieb, „die quantitative, systematische und objektive Beobachtung des manifesten Gehalts eines Textes" ermöglicht. Daß sie, wie Naisbitt schreibt, im Zuge des Zweiten Weltkrieges entwickelt worden wäre, kann aus der Durchsicht der einschlägigen Fachliteratur nicht bestätigt werden. Die Methode stammt, wenn ihr Ursprung überhaupt zu orten ist, aus den Bemühungen der behavioristischen Psychologie der zwanziger Jahre. Das ist insofern plausibel, als die Suche nach pragmatischen Anweisungen für die Beeinflussung von Menschen auf solide, quasiphysikalische Grundlagen gestellt werden sollte. Eine „quantitative Methode zur Erfassung des Gehalts menschlicher Aussagen“ stellte vermeintlich einen der Wege dazu dar. Mit dieser Quantifizierung sollten die Unwägbarkeiten der freudianischen Psychoanalyse überwunden werden, die sich eher assoziierenden Methoden verpflichtet fühlte. Eine andere Wurzel der *Content analysis* liegt in der politischen Kommunikationsforschung. Einer ihrer Zweige war dann die Auseinandersetzung mit der feindlichen, vor allem der deutschen Propaganda während des Zweiten Weltkrieges. Die Benutzung der Inhaltsanalyse ist nach der allgemeinen Übereinkunft von Sozial- und Kommunikationsforschern an bestimmte Regeln gebunden:

- Nachvollziehbarkeit des Verfahrens.
- Klare Liste von Kategorien, mit deren Hilfe Texte analysiert werden.
- Statistische Repräsentativität des analysierten Materials für eine deutlich ausgewiesene Grundgesamtheit.
- Nachweis der Verläßlichkeit der Methode.
- Nachweis der Gültigkeit der Interpretationen.
- Quantitative Auswertungen in Zeitreihen.

Eine der wesentlichen Fragen der Inhaltsanalyse formuliert den Zweifel darüber, ob die Medien tatsächlich als Spiegelungen der Alltagswirklichkeit angesehen werden können. Können, um nur ein Beispiel zu erwähnen, die Bilder der Frauen in Frauenzeitschriften als Reflektionen der Wirklichkeit verwendet werden? Dieses in der Wissenschaft so genannte *Representational model* hat heftige, bis heute nicht beigelegte Kontroversen ausgelöst. Naisbitt jedenfalls schwörte in „Megatrends“ auf diese Methode. Seine These: Da der verfügbare Raum für Informationen sich in Zeitschriften im Laufe der Zeit nicht ändere, müsse jede Neuigkeit einen traditionellen Bestandteil verdrängen. Unter ökonomischen Gesichtspunkten sei es nur plausibel, daß die zukunftweisenden Informationen die vergangenheitsorientierten ersetzten.

Da sind nun einige Zweifel erlaubt: Denn die kommerzielle Marktorientierung der Zeitungen und Zeitschriften, die dazu führt, daß der Sensationswert zu einem wesentlichen Nachrichtenfaktor wird, bleibt unberücksichtigt. Naisbitt

geht von der irrigen Annahme aus, daß alles, was publiziert wird, die Wirklichkeit gleichermaßen repräsentiert.
Denn es müßte grundsätzlich garantiert sein, daß die Welt der Zeitungen ein in sich geschlossenes Universum von seismographisch auf Neuigkeiten ausgerichteten Unternehmen ist, das lediglich rationalen Kriterien folgt. Es soll allerdings keineswegs in Zweifel gezogen werden, daß Medien in der Lage sind, gesellschaftliche Veränderungen zu erkennen, zu formulieren und durch diese Formulierung auch zu beschleunigen. Wir kennen Beispiele, daß Trends überhaupt erst durch die Medien entstanden. Das Kapitel „Phantom und Matrize: Das Lehrstück der Yuppies“ informiert darüber, wie die publizistisch geschickte Nutzung einer soziodemographischen Situation einen gesellschaftlichen Wertewandel erzeugen kann, wie konkret aus den *Baby Boomers* die *Yuppies* destilliert wurden.
In aller Regel sind Medien jedoch auf das flüchtige Geschäft des Verkaufs leicht verderblicher Aktualitäten eingerichtet, wo sie nicht bereits im Zuge der wachsenden Spezialisierung in einem journalistischen Recycling-Prozeß genau das anbieten, was ihr Publikum lesen, sehen, hören möchte. Die beobachteten Moden und Trends sind eigentlich nicht mehr als eine Spielerei an der Oberfläche. Aus den vielfältigen Inhaltsanalysen der ernstzunehmenden politischen, kulturellen und wirtschaftlichen Leitmedien der Welt wissen wir indes, daß über diese Oberflächlichkeit hinaus zwar tiefgreifende Analysen existieren – aber mit einem deutlich westlich ausgerichteten Schwerpunkt.
Für Amerikaner und weltweit für jene Unternehmen, die den amerikanischen Markt analysieren wollen, sind derlei Einsichten aus der *Content analysis* von 6.000 regionalen Zeitungen sicher von Interesse. Und das ist ja auch der erste Unternehmenszweck Naisbitts: Unternehmensberatung für Kunden wie Sears & Roebuck, Ogilvy & Mather, Atlantic Richfield, Edison Electric Institute, für General Electric, General Motors, Merrill Lynch, AT & T. Diese Kunden erhalten vierteljährlich den „Trend Report“. Dreimal im Jahr

werden Seminare abgehalten, auf denen die neuesten Trends preisgegeben werden. In einer Bescheidenheit, die seinen Nachfolgern und Epigonen mittlerweile eher fremd geworden ist, relativiert Naisbitt diesen Anspruch: „Ich riskiere es, daß Experten und Spezialisten in den einzelnen Themengebieten sagen, die Beschreibung der Welt mit zehn beweglichen Kategorien sei zu einfach. Aus ihrer Sicht haben sie wahrscheinlich recht. Dennoch glaube ich, daß es das Risiko wert ist."

Die Entdeckung der wirtschaftlichen Quarks

Die Erfahrung, daß das Recycling der „Megatrends" zum neuen Bestseller „Megatrends 2.000" so reibungslos funktionierte, veranlaßte den Meister der Trendforschung zu einem kürzeren Intervall. Er nahm sich den Trend zur Dezentralisierung vor, den er 1982 und 1990 beschrieben hatte, nannte ihn „Global Paradox" und breitete ihn 1993 noch einmal auf 392 Seiten aus. „Der Weltmarkt ist der neue Allmächtige und erschafft sich in seinen individuellen Atomen die Krönung seiner Schöpfung nach seinem Bilde. Unterwirft man sich dieser neuen Religion und verbietet sich jede andere Wahrnehmung am Menschen und an der Welt, weil sie unweigerlich in die Arme der falschen Propheten des Weltuntergangs führe, so bleibt sein Katechismus im ganzen schlüssig. Wenn nicht, nicht."
Das schrieb „Der Spiegel".
Und zwar 1990 als Teil seiner Rezension der „Megatrends 2.000". Sie ist lückenlos auf das „Global Paradox" anwendbar. Denn ein Gedanke, der über die These der Dezentralisierung hinausgeht, ist aus der wilden Sammlung von Clippings der Inhaltsanalyse der letzten Jahre nicht herauszulesen. So geht es um

- den globalen Erfolg der Telekommunikation,
- die Globalisierung des Bewußtseins durch wachsenden Tourismus,

- einen neuen ethischen Verhaltenskodex für die Welt, mit dessen Hilfe die politische Korruption eingedämmt wird,
- den Aufstieg der pazifischen Region, insbesondere Chinas,
- die dramatisch wachsenden Zukunftschancen der Länder Lateinamerikas,
- den Niedergang Europas.

Die Kernaussage erfüllt sich in diesem Satz: „Je größer die Weltwirtschaft, desto mächtiger ihre kleinsten Akteure." Das steht auf Seite 12 von „Global Paradox" im gleichnamigen ersten Kapitel. Fettgedruckt, weil wohl besonders wichtig. Kalenderspruch eines neokapitalistischen Optimismus, der die Theorie des alten Adam Smith wiederbelebt. Eigennutz, Laissez-faire-Politik und der Freihandelsgedanke, garniert mit der unausgesprochenen Theorie der Weltgesellschaft, führten im klassischen Sinne der Smithschen Annahme zu einer natürlichen Harmonie zwischen sozialem und wirtschaftlichem Leben. Dieser Gedanke ist, wenn man den Zeitpunkt seiner Publikation zugrunde legt, 219 Jahre alt. Er scheint Naisbitt sehr am Herzen zu liegen, denn er wird mit einer Beharrlichkeit wiederholt, die entweder aus argen Zweifeln am Gedächtnis der Leser resultiert oder aus Mangel an origineller Argumentation. So versandet die Flut an Einzelinformationen immer wieder in diesem „ceterum censeo" – vielleicht aber auch nur, um wie ein Mantra den aufkeimenden kopfschüttelnden Zweifel des Lesers zu beschwichtigen.

Das liest sich dann auswahlweise so:

„Das Studium des kleinsten wirtschaftlichen Akteurs, des Unternehmers, verbindet sich mit dem Studium der Expansion unserer globalen Wirtschaft" (Seite 14).

„Im Prozeß der weltweiten wirtschaftlichen Integration werden die Teilkomponenten zahlreicher, kleiner und wichtiger zugleich. Mit dem Wachstum der Weltwirtschaft schrumpft gleichzeitig die Größe ihrer einzelnen Teile" (Seite 18).

„Da die Weltwirtschaft größer wird, werden ihre Teilkomponenten kleiner" (Seite 24).

„Je universeller wir werden, desto tribalistischer unser Handeln" (Seite 31).
„Die Bedeutung der Nationalstaaten nimmt ab, gleichzeitig werden mehr Nationalstaaten gebildet" (Seite 37).
„Das Ergebnis auf all diesen Gebieten sind kleinere und stärkere Einheiten in der Weltwirtschaft. Die globale Wirtschaft wächst, während gleichzeitig die Größe ihrer Teile schrumpft" (Seite 64).
„Die Telekommunikation ist der Motor der Wirtschaft und bewirkt gleichzeitig die Aufsplitterung in immer kleinere und mächtigere Teile" (Seite 69).
„Im globalen Paradoxon – je größer die Weltwirtschaft, um so mächtiger ihre kleinsten Akteure – ist es kaum möglich, die Rolle der globalen Telekommunikation zu überschätzen" (Seite 134).
„Im 21. Jahrhundert werden die Großunternehmen in immer kleinere Teile zerlegt" (Seite 237).
„Je mehr wir uns einer weltumspannenden Wirtschaft nähern, um so weniger Bedeutung hat die Volkswirtschaft eines einzelnen Staates und um so wichtiger wird der wirtschaftliche Beitrag eines jeden einzelnen Unternehmens" (Seite 306).
„Das sich vergrößernde System dient dem kleinsten Akteur" (Seite 365).
„Das globale Paradoxon besagt auch, daß die Chancen für jeden von uns als Individuum weit größer sind als jemals zuvor in der Geschichte der Menschheit" (Schlußsatz, Seite 369).

Ausblendung störender Wirklichkeiten

Diese kleine Auswahl verdeutlicht die Strategie der Naisbitt-Publikationen: Ein Grundgedanke wird durch eine Reihe thematischer Felder geführt, in denen er sich jeweils mit passenden Belegen anreichert. Widersprüchliche Zufallsfunde werden in diesem Zusammenhang nicht zugelassen. Das Argumentationsgebäude ist hermetisch auf die Bestätigung seiner selbst eingerichtet.

Störungen sind kleinere Betriebsunfälle des *dialektischen Optimismus,* der beharrlich der mäandernden Linie seiner Erfüllung folgt.
Einige Beispiele:

- Daß neben der Differenzierung eine starke Tendenz zur globalen Zusammenballung gigantischer Konglomerate herrscht, wird bei Naisbitt allenfalls unter dem Aspekt der „strategischen Allianzen" erwähnt. So sind in den letzten zehn Jahren vor allem im Bereich der Dienstleistungen neue Großkonzerne entstanden, etwa Time/Warner oder Murdochs News Corporation. Karl Riffert hat in der Septembernummer 1994 des Wirtschaftsmagazins „trend" die deutliche Tendenz in Europa und in Österreich beschrieben, mit der sich auch auf anderen Gebieten immer größere Konglomerate bilden – auf dem Sektor der Banken, der Brauereien, des Handels, der Sportartikelindustrie, der Fahrzeugherstellung, der Telekommunikation, im Baubereich und bei den Nahrungsmitteln. Am 31. Dezember 1994 resümierte Bank-Austria-Generaldirektor René Alfons Haiden in einem Gespräch mit der österreichischen Tageszeitung „Kurier", daß der „Konzentrationsprozeß in der Kreditwirtschaft" fortschreiten werde.

  Daß in solch komplexen Unternehmenskonglomeraten die Teilbereiche als *Profit-centers* weitgehend autonom agieren, daß einzelne Betriebsbereiche vor allem bei internationaler Ausdehnung eines Konzerns zu selbständigen *Profit-centers* gemacht und strategische Allianzen geschlossen werden, ist selbstverständlich und keineswegs ein Paradox.

  Daß die Welt in absehbarer Zeit durch Superorganisationen kontrolliert werde, gehört zu den Szenarien einer weniger bekannten, dafür aber um so einflußreicheren Beratungsfirma, des Global Business Network im amerikanischen Emeryville. Neunzig Wissenschaftler, Experten und Künstler entwickeln im Auftrag dieses Unternehmens Szenarien. Im Unterschied zu Naisbitt – auch im Unterschied zu Popcorn, Gerken, Höhler und anderen

Trendforschern – ist das wichtigste Qualitätskriterium der Szenarien ihre *Relativität.* Es sind Annahmen, die an bestimmte Vorbedingungen geknüpft sind – Zukunftsgrammatik in Konditionalsätzen. Die Ungewißheit über die Zukunft bleibt. Und so zählt zu den Szenarien von GBN auch die Möglichkeit einer neuen Regionalisierung von Wirtschaftsblöcken.

- Daß beispielsweise die Hegemonie einer amerikanisch-asiatischen Achse zu neuen Kontroversen Anlaß gibt; daß, mit anderen Worten, die Regionalisierung der Märkte in wirtschaftlichen Zusammenschlüssen zu einem grauen Protektionismus führen könnte, der wiederum in einen Kampf der Duum- oder Triumvirate ausartet, etwa von Mercosur und APEC gegen Nafta und EU – diese Theorie ist im Gedankengebäude Naisbitts nicht vorgesehen. Dabei scheint gerade in der Zerbrechlichkeit der noch recht jungen Zusammenschlüsse die Tendenz zur Abschottung gegen die globale Wirtschaftspolitik angelegt zu sein. Carlos Salinas de Gortari, ehemaliger Präsident Mexikos und Protagonist der Nafta, sagte in einem „Newsweek"-Interview auf die Frage, was er am meisten für die nahe Zukunft fürchte: „Handelskriege." Die GATT-Vereinbarungen seien eine der wesentlichen Voraussetzungen für den freien Welthandel. Nun sind aber gerade die regionalen Zusammenschlüsse eine Provokation des GATT-Geistes. Die immer engere Verflechtung der Weltwirtschaft kann nicht unbedingt mit zunehmender Globalisierung identifiziert werden. Abgesehen von der Tatsache, daß auch hier für die großen Bereiche der Wirtschaft (also Produktion, Landwirtschaft, Handel und Dienstleistungen) unterschiedliche Maßstäbe angelegt werden müßten, bedeutet die zunehmende Macht der kleineren Akteure zumindest nach Auffassung einer Reihe von Wirtschaftswissenschaftlern eine Schwächung der Globalisierung und eine Relativierung des GATT.
- Auch auf dem Gebiet der Telekommunikation muß der Enthusiasmus ein wenig gedämpft werden – bei der Frage nämlich, wie es in diesen netzwerkartigen Konglo-

meraten eigentlich den kleinsten Spielern, den mittelständischen Zulieferunternehmen und ehemals selbständig und selbstbewußt arbeitenden regionalen Dienstleistungsfirmen geht. Arno Rolf, Vorstand des Instituts für Informatik der Universität Hamburg, das auf dem Gebiet der Technikfolgenabschätzung führend ist, beklagt, „daß in Zukunft besonders kleine und mittelständische Dienstleistungsbüros in Mitleidenschaft gezogen werden", weil sie im Netzwerk der technischen Kommunikationssysteme ihre Autonomie verlieren: etwa Speditionen und Reisebüros, die zu Anhängseln international ausgelegter Logistik- und Reservierungssysteme werden. Damit ist ein Kapitel der modernen Betriebswirtschaftslehre berührt, das sich mit der Bedeutung einer lebendigen, historisch gesicherten und menschlich bereichernden *Unternehmenskultur* beschäftigt. Die Frage, wie die „symbolische Ortsbezogenheit" (so nannten einige Soziologen den emotionalen Mehrwert, den ein Unternehmen seinen Mitarbeitern und Mitarbeiterinnen bieten kann, etwa zur Mitte der sechziger Jahre), wie also *Unternehmenskultur* gesichert werden kann, stellt sich mit wachsender Bedeutung der globalen Telekommunikationsnetze. Daß möglicherweise neue Marktzugänge eröffnet werden, ist weitgehend Illusion. Denn die Erweiterung der Zugangswege zum Markt durch ISDN und Satellitentechnik bietet eher Großunternehmen die Chance, ihre Absatzbereiche zu erweitern.

- Daß der Optimismus, mit dem die Länder Lateinamerikas, mit dem China, Vietnam und der „Pacific Rim" zu den großen Wachstumsmärkten der neuen Welt deklariert werden, ohne die Engagements weltweit agierender westlicher Unternehmen nicht denkbar wäre – dieser Umstand bleibt in der pauschalisierenden Sicht unberücksichtigt.

  Überdies zeigt sich am Beispiel Mexikos, mit welcher Empfindsamkeit die internationalen Investoren auf wirtschaftliche Krisen reagieren. Ob die Währungs- und Wirtschaftsprobleme des ehemaligen mittelamerikanischen Hoffnungsträgers nachhaltige Effekte auf die Bereitschaft der internationalen Konzerne auslösen, sich in anderen lateinamerikanischen Ländern zu engagieren, ist noch offen.

- Daß Afrika sich zu einem enormen weltwirtschaftlichen Problemfeld auswächst – die Malaise in vielen Bereichen des Schwarzen Kontinents stört den optimistischen Ansatz des Zeitungslesers aus Telluride in Colorado und kommt mithin in seinem Buch nicht vor. Das scheint Prinzip zu sein. Denn auch der Jubel über die *rising stars* Südostasiens erfaßt keineswegs alle Zonen des weiten Feldes – Singapur natürlich, Taiwan, auch Indonesien, Indien am Rande, vor allem aber China und Vietnam. Aber Birma? Nepal? Laos? Kambodscha? Alle diese Länder bleiben unerwähnt oder Gegenstand knapper Nebensätze ebenso wie die Frage, was aus Indonesien wird, wenn die Wahlen 1998 die Suharto-Zeit beenden.
- Daß überhaupt in einigen Regionen der Naisbittschen Utopien der Teufel los ist – diese Möglichkeit hat Naisbitt nicht ins Kalkül gezogen. Etwa die Situation in manchen Nachfolgestaaten der ehemaligen Sowjetunion, wo nun statt der Marktwirtschaft das Chaos herrscht, wo ein neuer Krieg entbrannt ist, der die Situation in Rußland brachial ändern könnte. Was beziehungsweise wer käme nach Jelzin?

  Und wer beerbt Deng Xiaoping? Kein Wort über die möglichen Thronfolger bei Naisbitt. Aber von ihnen wird es abhängen, ob Rotchinas Markt die Erwartungen erfüllt, die einige Industrien tatsächlich mit verhaltenem Optimismus hegen können.
- Daß die Städte Chinas, sollten keine Reformen im Hinterland eingeleitet werden, zu sozialen Sprengsätzen werden – Naisbitt sieht nichts von dem voraus. Schon heute werden die Millionen von bäuerlichen Einwanderern aus den nördlichen Provinzen als Störenfriede betrachtet. Sie könnten bis zum Jahr 2000 die Konkurrenz der ungelernten Arbeiter werden, die aus den aufstrebenden Industrieregionen stammen. Analytiker des chinesischen Fort-

schritts, wie der „Newsweeek"-Autor George Wehrfritz, entwerfen Szenarien mit 30 Millionen Arbeitslosen. Immerhin: Bei seinem Enthusiasmus für die chinesische Wirtschaftsrevolution sieht Naisbitt tatsächlich einige Fallstricke: vor allem Korruption und Migration. Interessanterweise sieht er für China diese Probleme als lösbar an, während die Migration in Europa für ihn einen Indikator des Niedergangs darstellt. Daß das Land überdies zu sehr verschuldet ist, um diese Probleme rechtzeitig in den Griff zu bekommen, ist wiederum ein Aspekt, der im optimistischen Horizont Naisbitts nur störend wirken könnte.

Was prognostiziert wird, ist Konsum, ist der Wunsch nach Autos, nach westlichen Waren, Kosmetik, Discos, Investitionsgütern. Und diese Ausrichtung wird nirgends deutlicher als an der Stelle, an der der „kosmopolitische Asiate" vor den Augen des Lesers inszeniert wird: Krawatte von Ferragamo, Armbanduhr von Rolex oder Cartier, Aktenkoffer von Louis Vuitton, Füllfeder von Montblanc, BMW, Motorola-Handy, Aftershave von Armani, American-Express-Karte. Zu ihr scheint Naisbitt eine besondere Beziehung zu haben. Sie ist die einzige Kreditkartenfirma, die im Buch namentlich erwähnt wird – „American Express Company, die Chancen wahrnimmt, sobald sie sich bieten".

Was hat Afrika schon in einer solchen Welt verloren? Oder Ex-Jugoslawien? Man kommt nicht daran vorbei. „Ja, wir haben die jugoslawische Tragödie. Gleichzeitig erleben wir aber auch friedlichere und erfolgreichere Gegenbeispiele in Ländern, die sich in einer ‚friedlichen Scheidung' neu konstituieren, wie zum Beispiel die Tschechoslowakei. [. . .] Auch die Israelis und Palästinenser fanden sich schließlich zum Handschlag und zu einer Vereinbarung bereit, um künftig in Frieden miteinander leben zu können." Auch andere Krisenherde werden genannt: Tibet, Papua-Neuguinea, Burundi (gemeint ist offensichtlich Ruanda), der Irak und schließlich die Unterdrückungssysteme im Iran oder in Sudan. Naisbitt geht allerdings mit keinem Wort darauf ein, daß es sich gerade bei diesen letzten Beispielen (wie auch im Falle einer Reihe von terroristischen Übergriffen in Algerien und Ägypten) um die Ausdrucksformen einer neuen expansiven Ideologie handelt, die seinen Tendenzen von den kleinen Einheiten in der Weltgesellschaft widerspricht.

Interessant ist auch, daß bei der Vielzahl der verarbeiteten Clippings aus 6.000 Zeitungen gerade die Thesen der internationalen Politikwissenschaft fehlen, die als Megatrend der nächsten Jahre einen *Clash of cultures* prognostizieren. Samuel P. Huntington hatte im Herbst vergangenen Jahres in der Zeitschrift „Foreign Affairs" einen weltweit beachteten Beitrag dazu veröffentlicht. Eine der wichtigsten Vorkehrungen gegen die globalen Auseinandersetzungen sei ein starkes – auch kulturell starkes – Europa.

Europa!

Bei diesem Thema verhärtet sich der Stil Naisbitts, wird kalt und verliert sich in einem düsteren Pessimismus. Während Japan ein moderates Wachstum erfahre, ein bescheidenes bis solides Wachstum auch die Wirtschaft der Vereinigten Staaten präge, in Asien ein Boom losbreche und Lateinamerika ungeahnte Wachstumsschübe erlebe, verharre Europa „in einer lang andauernden Rezession". Die Gründe liegen für Naisbitt auf der Hand. Für den Leser weniger, denn plötzlich werden Entwicklungen, die für andere Länder als Indikator einer erfolgreichen Zukunft gelten, zu Hindernissen auf dem Weg in ein erfolgreiches 21. Jahrhundert. „Im neuen globalen Paradoxon läßt sich die ökonomische Kraft eines Landes daran messen, inwieweit es die politischen Führer den Teilkomponenten erlauben, zum Wohl des Ganzen beizutragen. Um bei unserer Metaphorik zu bleiben: wird das Land von einem politischen Zentralrechner gesteuert, oder kann vielmehr eine Vielzahl von PCs eigenständig am Aufbau bei der Revitalisierung der Wirtschaft mitwirken. Legt man diese Maßstäbe an, dann können Sie Europa als gewinnbringenden Investitionsstandort für das 21. Jahrhundert vergessen. Vor allem können Sie die Europäische Union vergessen, der in einem dreijährigen Medienrummel weltwirtschaftliche Dominanz prophezeit war." Der Grund: Die Menschen wollen zwar gemeinsam Wirtschaft treiben, aber ansonsten ihre angestammte Identität wahren. Die politische Verknüpfung, die das Abkommen von Maastricht vorsieht, sei zum Scheitern verurteilt.

So ist, „zumindest aus heutiger Sicht", Europa „ein niedergehender Stern am globalen Wirtschaftshimmel. [...] Europa ist krank; es leidet an der wirtschaftlichen Flaute seiner Mitgliedsländer, an der massenhaften Zuwanderung von Emigranten, an anschwellenden ethnischen Spannungen, an Korruption und gravierenden politischen Skandalen in Italien, Frankreich, Spanien und Belgien. [...] Die Arbeitslosenquote in der Europäischen Union hat ein Ausmaß erreicht, das es seit 1930 nicht mehr gegeben hat." Deutschland, das in den „Megatrends 2.000" noch als Gewinner der europäischen Einigung galt, ist plötzlich vom Niedergang gezeichnet.

Plotkinsche Dörfer

FAITH POPCORN

Eine Repräsentantin der Anspruchsgesellschaft

Faith Popcorn, geborene Plotkin, kam erst gar nicht. Denn die Veranstalter der Werbewirtschaftlichen Tagung 1994 im österreichischen Villach waren nicht bereit, 600.000 Schilling (85.000 Mark) zu investieren. Vielleicht kommt sie ohne Gage in diesem Frühjahr, um die neueste Ausgabe des „Popcorn Reports" vorzustellen, denn da geht es um die Promotion für ihr Geschäft – Werbung für die New Yorker Firma BrainReserve, die derzeit publicityträchtigste Trendfabrik der Welt.

Der „Popcorn Report" ist ein weltweit verbreitetes Brevier, angefüllt mit Aussagen über die Konsumwelt von morgen – wie Faith Popcorn sie sieht. Wenn dieser neue Report dieselbe Qualität besitzt wie der 1991 erschienene, dann erwartet die ungeduldige Leserschaft eine als Sachbuch camouflierte Werbebroschüre über die großartigen Leistungen der Popcorn Company. Ein messianischer Zug in dieser Selbstdarstellung ist unübersehbar, der auch bei den deutschsprachigen Repräsentanten dieser Industrie stark ausgeprägt ist. Popcorn definiert diese Aufgabe so: „Ich möchte den Menschen zeigen, wie sie ihren Pessimismus überwinden können. Ich möchte den neuen Unternehmen die neuen Verbraucher vorstellen. Und ich möchte einen Beitrag zu einer positiven Zusammenarbeit bei der Zukunftsbewältigung leisten."

Wie das?

„BrainReserve blickt weit voraus in die Zukunft und schaut von dort aus wieder zurück, um herauszufinden, welche Maßnahmen für unsere Kunden zu bestimmten Zeitpunk-

ten die richtigen sind. Es ist so, als würde man die Zukunft durch das andere Ende des Teleskops betrachten. Wenn man weiß, was in ferner Zukunft geschehen wird, kann man ziemlich leicht sagen, was das Richtige in der Gegenwart oder in naher Zukunft ist." Aus ihrer Perspektive am anderen Ende des Teleskops sieht Mrs. Popcorn eines: ein *Soziobeben*. „Seit zehn Jahren machen wir unseren Kunden klar, daß dieses Soziobeben kurz bevorsteht." Was präzis dieses *Soziobeben* bedeutet, ist offen. Die gegen sich selbst gerichtete Süffisanz einer solchen Aussage, daß man etwas zehn Jahre lang als kurz bevorstehend prognostiziert, kennzeichnet schon andeutungsweise die publizistische Methode von BrainReserve: Begriffe zu finden, die dehnbar genug sind, um durch die unterschiedlichsten, auch widersprüchliche Tatbestände bestätigt zu werden. Entsprechend unspezifisch sind die Präzisierungen dessen, was bebt, und der Konsequenzen des Bebens. Sicher ist nur eines: „Alles wird neu sein. Alles." Denn: „Ich habe noch nie Veränderungen gesehen, die so umfassend und radikal sind. In diesem Jahrzehnt wird sich ein totaler Wandel vollziehen – die Schnellebigkeit wird dem Rückzug ins eigene Heim und der Abschirmung vor der Welt weichen. Es wird eine neue Moral, eine neue Religion, neue Lebensmittel, eine neue Wissenschaft, eine neue Medizin geben." Wer sich auf diese fundamentalen Veränderungen nicht einstellt, wird auf der Strecke bleiben. Will er das nicht, muß er bloß zuerst das Buch lesen und dann BrainReserve buchen.
Diese Firma erforscht Trends, die nach Aussage der Frau Popcorn Wegweiser ins nächste Jahrzehnt darstellen. Für Unternehmen ist die Einsicht in diese Trends deshalb wichtig, „weil sie als kleine Rinnsale beginnen und dann zu bedeutenden Strömen werden. Wenn Sie es schaffen, die Punkte zwischen dem Beginn eines Trends und seiner Auswirkung auf Ihr Geschäft miteinander zu verbinden, dann können Sie Ihr Produkt im einzelnen so gestalten, daß es in den Trend paßt."
Welche Trends nun hat BrainReserve geortet?

Der Megaseller „Cocooning“

Es sind, um der Vorgabe des Megasellers von John Naisbitt und Patricia Aburdene zu folgen, bislang zehn. An einigen dieser Trends soll die Argumentationsstrategie des Consulting-Stars illustriert werden, wozu sich besonders die Erfindung des Wortes *Cocooning* eignet. Dies ist also der erste Trend, dem wir seit einiger Zeit folgen und dem wir weiter folgen werden:

■ *Kokon-Dasein*

„Wir sahen diesen Trend kommen, als die Party, die ihm vorausging, noch in vollem Gang war. An den fernen Küsten des Schickeria-Lebens [...] war die Welt ein einziges großes Nachtclub-Discorama. Aber wir entdeckten auch, daß die Zeichen auf Rückzug standen. Der Satz ‚Gimme Shelter‘ bekam eine neue Bedeutung.“

Übergeht man die Tatsache, daß der Satz „Gimme Shelter“ aus der Rockkultur der sechziger Jahre stammt, somit eigentlich einen Gegenbeleg für die Behauptung darstellt, der Trend zum Kokon sei neu, sieht sich die Leserschaft zusätzlich verwirrt, weil der Begriff des *Cocooning* auf alle nur erdenklichen und vordergründig eher auch gegenteiligen Verhaltensweisen angewendet wird und jegliche Eindeutigkeit verliert. Der Grund dafür mag in einem rechnerischen Kalkül liegen, das sich zum Erscheinungstermin des „Popcorn Reports“ gegen die Autorin richtete – die Behauptung nämlich, daß jeder Trend zehn Jahre anhalte. *Cocooning* wurde zu Beginn der achtziger Jahre erfunden und avancierte zu einem der erfolgreichsten Begriffe der publizistischen Gebetsmühlendreher. Es wäre schade, diesen Begriff, der synonym für die BrainReserve stand, einfach zu entsorgen. So argumentierte Faith Popcorn strategisch folgerichtig: „Da die meisten Trends zehn Jahre dauern, hätte man erwarten können, daß für das Ende der achtziger Jahre eine Trendwende angesagt war.“ Doch das *Cocooning* entwickelte sich zum allumfassenden Charakteristikum auch der neunziger Jahre.

Was immer geschah, es war *Cocooning*.

Reisen? *Mobiler Kokon.*
Die Selbstverständlichkeit, daß man sich privat eher mit Menschen abgibt, die man halbwegs ausstehen kann? *Geselliger Kokon.*
„Wir laden sehr selektiv eine neue Art von Gästen zu uns nach Hause ein. Wir bewirten unsere Gäste im eigenen Heim, jawohl, aber nicht aus den üblichen Gründen. Es geht nicht um das soziale und berufliche Fortkommen und auch nicht um größere Familienereignisse. Das Ganze hat mehr damit zu tun, daß wir uns mit Gleichgesinnten umgeben, die eine wohltuende Wirkung auf uns haben. [...] Die kühneren Gruppen bilden einen Menschen-Kokon und gehen in eng geschlossenen Reihen in nahe gelegene Bars."
Das heißt dann neuerdings *Salooning* und nicht mehr ins Stammbeisl oder in die Kneipe an der Ecke gehen.
Im Grunde ist mit dem Begriff nämlich nichts anderes als die alte soziologische Einsicht neu formuliert, die Kulturtheoretiker wie Georg Simmel bereits für die Metropolen der ersten Jahrzehnte unseres Jahrhunderts unter den Stichworten „Solidarität und Distanz" empirisch erhärteten. Um einen weiteren amerikanischen Zeugen anzurufen: Die Diagnose des *Salooning* – oder wie sich Faith Popcorn neuerdings gern ausdrückt: des *Burrowing* – hätte in einer Rezension des soziologischen Standardwerkes „Theory of the Leisure Class" (deutsch: „Theorie der feinen Leute") von Thorstein Veblen stehen können. Erschienen ist das Buch 1899.
Popcorns selbstbewußte Behauptung, daß sie in den letzten zwanzig Jahren mit ihren Voraussagen bis zu 92 Prozent Recht behalten habe – „verblüffende 92 Prozent", wie die Zeitschrift „Wienerin" schrieb – ist bei der Dehnbarkeit solcher Begriffe nicht erstaunlich.

Weitere Visionen für den wirtschaftlichen Partyplausch

■ *Fantasy-Abenteuer*
Einer der schönsten Werbeslogans in der Alpenrepublik gilt den Büchern: „Lesen ist Abenteuer im Kopf." Wie wahr. Auch wenn sich heute zusehends andersartig inszenierte virtuelle Welten durch Fernsehen und Computerspiele in den Vordergrund drängen, ist die Tendenz zu *eskapistischen Identifikationen,* wie Popcorn es nennt, nicht neu. Es ist die Frage, wie die jeweiligen Medien in Relation zur Erlebniskultur der jeweiligen Generationen gesetzt werden. Die Lektüre von Karl Mays „Buschgespenst" mag für die Jugendlichen der dreißiger, vierziger oder fünfziger Jahre eine ebensolche Entrückung aus der Wirklichkeit bedeutet haben, wie sie heute das Fernsehen ermöglicht. Perry Rhodans Abenteuer mögen die Frühform einer Wanderung durch Cyberwelten gewesen sein.
Diese Relativität wird im übrigen in den Beispielen bestätigt, die im „Popcorn Report" als Belege des neuen Trends zum *Fantasy-Abenteuer* angeführt werden: „Anheuser Busch [die amerikanische Bierfirma, Anm.] baut einen Dreihundert-Millionen-Dollar-Park mit exotischen Orten (der alte Westen, Polynesien, China) – in Madrid. Nicht, daß Madrid für sich genommen nicht schon ein völlig zufriedenstellendes Abenteuer wäre – aber dieser Park wird besser kontrolliert. Das Hotelunternehmen Hyatt plant, in den nächsten Jahren etwa 25 Fantasy-Hotels zu eröffnen. [...] Heute zieht Disneyland mehr Besucher an als die amerikanische Hauptstadt. [...] Nach seinem Erfolg in Japan eröffnet Disney einen vielsprachigen Park direkt vor den Toren von Paris." Fazit: Der Trend zum *Fantasy-Abenteuer* unterstütze laut Popcorn vor allem solche Produkte, „bei denen sich das Sichere und Vertraute mit einer abenteuerlichen oder exotischen Note verbindet".
Im neuen „Popcorn Report" wird die New Yorker Augurin allerdings nicht umhin können, diese Beispiele kritisch zu kommentieren. Es mag sein, daß Disneyland mehr Besu-

cher anzieht als Washington. Das gilt allerdings nicht für New York, San Francisco und vor allem für die neue touristische Kultstadt Chicago. Euro-Disney hat große wirtschaftliche Schwierigkeiten. Was die Hyatt-Fantasy-Hotels betrifft, ist die Zahl 25 sehr hoch gegriffen. Eines steht in Südafrika. Ein zweites auf Hawaii, einer Insel, die seit Jahrzehnten zu den synthetischen Produkten der amerikanischen Honeymoon- und Holiday-Industrie zählt.

Die Zahl und die Auflage der Reisezeitschriften wie „Saison“, „Globo“, „Travel“, „holiday“ steigen beständig. Auf diesem Gebiet liegt eher Naisbitt mit seiner Beobachtung richtig. Die Buchungszahlen zu „exotischen“ – angemessener wäre: authentischen – Zielen wächst.

Richtig ist, daß gleichzeitig auch die Zahl der Reisenden wächst, die in sorgsam aufbereitete Reservate fliegen, in Clubdörfer oder Sport-*resorts*. Für beide Trends – oder bescheidener: Verhaltensweisen – sind plausible Erklärungen vorhanden, die eine solide soziodemographische Basis haben. Die Ferienparks sind die Biotope von Singles, die es bequem haben wollen – *geselliges Cocooning,* wenn man so will. Es sind bequeme Einrichtungen für junge Familien mit gesteigertem Anspruch, deren Zahl, wie im Kapitel „Neue Eltern: Der Baby Boom der Baby Boomer?“ erläutert, derzeit wächst. Es lassen sich ohne große Mühe Beispiele und Gegenbeispiele finden und Beispiele, die weder das eine noch das andere bestätigen, denn die Betätigungsfelder des Lebens der Menschen in modernen Gesellschaften sind vielfältig.

Aber auch dafür hat Popcorn eine Erklärung:

■ *99 Lives*

Wir alle leben viele Leben gleichzeitig. Die Tatsache, die von Marketingfachleuten als das *multioptionale Konsumentenverhalten* beschrieben worden ist, wird für Popcorn zur Suche nach der Erfüllung mehrerer Bedürfnisse zur gleichen Zeit. Diese Bedürfnisse können erzwungen sein, wie die Verarbeitung eines immer schneller anwachsenden Informationsstromes; sie können gesucht sein, wie die Lust am Spiel der Gleichzeitigkeit. „Wir durcheilten die achtziger Jahre in hektischer Betriebsamkeit", resümiert Popcorn, „Telefax- und Telefongeräte in der Hand, Turnschuhe an den Füßen, Babys an (mancher) Brust. Angetrieben von einem verrückten Ehrgeiz: möglichst viele Menschen auf einmal zu sein." Der Zwang zur Hektik, dessen Ursprünge nicht erklärt werden, zwingt die Menschen nach ihrer Theorie zu einer neuen Zeitökonomie. Daraus wiederum resultieren intelligente Konzepte für neue Dienstleistungen. „Espresso Dental in Seattle ist ein Triumph der Multifunktionalität: weltweit die erste Kombination von Zahnarztpraxis, Espressobar und Massagesalon. Plötzlich rutschen Freizeit und Zahnpflege in dieselbe Zeitspalte! In New York gibt es die Video Town Laundrette: ein Fahrrad zum Trainieren, Kopier- und Telefaxgeräte, 6.000 Videotitel zum Ausleihen und Wascheinrichtungen. [...] BrainWash in San Francisco ist eine Wäscherei plus Café für die Künstler und Schriftsteller der Nachbarschaft."

Alles richtig.

Nur nicht neu.

Nicht einmal für die europäischen Länder, in denen einer volkstümlichen Diagnose zufolge die amerikanischen Trends immer ein paar Jahre später greifen. In der Dezemberausgabe 1991 des Wirtschaftsmagazins „trend" zum Beispiel wurden unter dem Titel „Hosen auf Rädern" österreichische Dienstleistungsunternehmen beschrieben, die ins Haus oder ins Büro kommen und Kleidung, Essen, Frisierservice, Computerschulung und Sprachkurse liefern.

■ *Egonomics*

Ein Schlager dient der Autorin auch in diesem Bereich als Illustration: „I did it my Way". Wie bei „Gimme Shelter" übergeht Popcorn elegant die Tatsache, daß er aus ganz anderen Zeiten stammt (Frank Sinatra sang dieses Lied zum erstenmal im November 1968 in Los Angeles) und allenfalls als Beleg für den Ichbezug dieser vergangenen Epoche gelten könnte. Statt dessen behauptet sie ebenso schlicht wie selbstbewußt, es sei unvorstellbar, „daß frühere Generationen ‚I did it my Way' [...] mit der gleichen ichbetonten Leidenschaft gesungen hätten, wie es in den siebziger und achtziger Jahren geschah". Diese Ichbetonung zeige sich in der zunehmenden Zahl von individualisierten Angeboten. Das Ende der Großserienfertigung in jedem Bereich, der – schon 1973 in einem Beitrag der kommunikationswissenschaftlichen Zeitschrift „Public Opinion Quarterly" so genannte – *Decline of mass media,* also die Diversifizierung des Medienmarktes in immer speziellere Angebote, individuell zubereitete Kosmetik, Jeans für jeden Geschmack, eine ganze Palette „persönlichkeitsgerechter Produkte" kennzeichnet für Popcorn den unaufhaltsamen Trend zu den *Egonomics.*

Auch das ist richtig.

Aber auch das ist schon lange richtig.

Und so gilt hier wie beim *Cocooning,* den *99 Lives* oder den *Fantasy-Abenteuern,* daß wortgewaltig etwas publizistisch inszeniert wird, das zu den Selbstverständlichkeiten der nachindustriellen Gesellschaft zählt, die mit zunehmender Produktivität die Zahl der Möglichkeiten steigert.

Nicht anders geht Popcorn bei der Erläuterung der weiteren Trends vor, deren intensivere Erörterung deshalb nur die Zeit der Leser unbotmäßig beanspruchen würden:

- *kleine Genüsse,*
- *aussteigen,*
- *länger jung bleiben,*
- *möglichst lange leben,*
- *der wehrhafte Verbraucher,*
- *rettet unsere Gesellschaft.*

Was ist nun 1995 Neues zu erwarten?

Pleasure revenge zum Beispiel. Die Menschen wollen sich nicht mehr durch übersteigertes Gesundheitsbewußtsein, Krisengerede, *Rezessionskultur* (siehe „Die Stars von morgen? Horx, Chauvel und andere") in die lustlose Enge eines Sparlebens treiben lassen. Sie werden bewußt kleine Sünden begehen, Rache an einer Gesellschaft nehmen, die ihnen zu viele Vorschriften macht. Dazu gesellt sich das *Wildering,* das Leben draußen, die pionierhafte Überschreitung der eigenen Grenzen, oder *Icon toppling,* das irgendwie den *Fantasy-Abenteuern* ähnelt.

Cocooning ist wegen Dauererfolgs verlängert, wenn auch in alle erdenklichen Varianten differenziert. Insgesamt sind es nun zwölf Trends, die in der *TrendBank* von BrainReserve lagern.

Der BrainReserve-Service

Popcorn zeichnet das Porträt einer reichen, genußfreudigen Gesellschaft, in der die medialen Anreize die Menschen mit immer mehr Informationen über Verhaltensmöglichkeiten versorgen. Dabei häufen sich im Sample der 3.000 Interviews, die BrainReserve nach Angaben von Faith Popcorn monatlich durchführt, großstädtische, konsumfreudige und innovative Charaktere. Randgruppen, neue Arme, die Probleme der Welt sind uninteressant. „Ich bin keine Soziologin", sagte Popcorn im Interview mit der Zeitschrift „Wienerin", „sondern arbeite für Unternehmen, die nichts anderes als verkaufen wollen. Meine Aufgabe ist es, Trends zu erkennen, nicht, sie zu kritisieren. [...] Meine Aufgaben beschränken sich auf die Konsumenten der westlichen Welt. Da aber plädiere natürlich auch ich für eine Verbesserung der Ausbildungsmöglichkeiten auch der Minderheiten."
Diese Zielgruppen stellen auch die Kernleserschaft solcher Medien dar, die sich gern mit der Ausschau in die Zukunft schmücken und der Trendindustrie à la Popcorn eine stets bereite Plattform zur Selbstdarstellung bieten. Es ist modisch geworden, über Trends zu plaudern. Das Wort allein dokumentiert Modernität, Dynamik, Überraschung. Interessanterweise zählen diese Zeitungen und Zeitschriften wiederum auch zu den Objekten der Lektüre, mit deren Hilfe sich die „Trendforscher" ein Bild von der Wirklichkeit machen. Dreihundert (mit wenigen Ausnahmen amerikanische) Titel werden von BrainReserve regelmäßig analysiert, gewöhnlich von drei Lesern drei Stunden am Tag. Es sind Zeitschriften mit allgemeinen Informationen, Männermagazine, aktuelle Tageszeitungen, populäre Wissenschaftsmagazine, Gesundheitsmedien, Gourmetjournale, Wohnzeit-

schriften, Magazine für Reisen, Unterhaltung und Klatsch, Literatur und Kunst, die Wirtschaftsmagazine „Fortune", „Forbes", „Business Week", „Entrepreneur", „Inc.", „Business Ethics", „Economist" und „Japan Economic Journal", Umweltzeitschriften, auch die Trendreports der Konkurenz wie „John Naisbitt's Trendletter", Mitteilungsblätter und Fachpublikationen, New Age und Exzentrisches, schließlich auch politische Zeitschriften wie „Washington Spectator", „Mother Jones" oder „New Republic".

Die Redaktion der „New Republic" versuchte im Frühjahr 1994 mit Popcorn in Kontakt zu treten. Hin und her gerissen zwischen Faszination und Belustigung hatte die Redakteurin Ruth Shalit sich auf die Spur der Urheberin einer Reihe seltsamer Consulting-Angebote gemacht. „Bei den Vorträgen", so hatte Faith Popcorn in ihrem „Popcorn Report 1991" geschrieben, „ist es am aufschlußreichsten, was die Zuhörer zum Lachen bringt." Was Shalit zum Lachen brachte, war das Angebot eines Service namens *TrendPak*. Alle zwei Monate wird bei BrainReserve ein Päckchen mit Artikeln zusammengestellt, die die neuesten Trends veranschaulichen: „Ethnisch geprägte Musik von den Gypsy Kings; Terra Chips, knuspriges, buntes, leicht geröstetes Wurzelgemüse [...]; Parfum zum Selbermachen; energiesteigernde Kräuterpillen; und sogar ein echtes (leeres) Crack-Röhrchen aus einer Dachwohnung in East Village."

Dieses Trendpaket wird um den Preis von 20.000 Dollar pro Jahr alle zwei Monate an hundert Kunden geschickt, „die verfolgen, was sich im kulturellen Bereich tut". Wie hundert leere Crack-Röhrchen aus Dachwohnungen in East Village beschafft werden, bleibt Geheimnis der Undercover-Agenten von BrainReserve. Zu den Abonnenten zählen die Vorstände von Nabisco, Burger King und Campbell Soup.

Doch BrainReserve hat noch beeindruckend viele andere phantasievolle Angebote:

- *TrendView* ist ein Zukunftsseminar für 20 bis 1.500 Teilnehmer, auf dem die wichtigsten Trends (siehe oben) besprochen werden.
- Exkursionen finden unter dem klingenden Namen

TrendTrek statt – in Spielzeuggeschäfte und Bäckereien zum Beispiel. Damit wird therapiert, was Popcorn *Corporate autism* nennt – zu deutsch etwa: Wirklichkeitsverlust. Man muß sich das vorstellen: Ein Häuflein aufrechter CEOs, die ansonsten nur in ihren Clubs und Bars verkehren, die auf Meetings das „Draußen" nur in Form von Umsatzschwankungen zur Kenntnis nehmen, lassen sich wie eine Kindergartenschar in den Laden an der nächsten Ecke führen.

- *BrainJams* sind Hausbesuche in Unternehmen – zur schnellen Lösung eines bestimmten Problems. Dieser Kontakt mit den Experten resultiert entweder im
- *TrendBending,* bei dem spezifische Teile der Trends betrachtet werden, oder in der
- *DiscontinuityTrendAnalysis,* einem Check der jeweiligen Produkte im Licht der von BrainReserve angebotenen Trends.
- Im Hintergrund dieses umtriebigen Servicenetzes operiert die *TalentBank.* Sie ist das Board „erstklassiger Stilexperten", deren Namen eindrucksvoll die Upper-middle-class-Orientierung des Beratungsunternehmens dokumentieren: zum Beispiel die Lifestyle-Autorin Maria Stewart, die Herausgeberin der Zeitschrift „Mirabella", die Ladendesignerin Joan Newbold, die Kochbuchautorin Lee Bailey, der Innenarchitekt Birch Coffey, die Modedesignerin Diane Benson.

Mit dieser Namenliste ist gleich auch ein Teil des Erfolgs von BrainReserve erklärt: Es geht um die Identitätsfindung in einem geschichtslosen Dasein, das sich selbst nur durch Produkte darstellen gelernt hat. David Riesman hat diese urtypische Eigenart der amerikanischen Mittelschicht 1962 in seinem weltberühmten Buch über den außengeleiteten Menschen in der „einsamen Masse" analysiert. In einem Zeitalter wie den achtziger Jahren, in dem die Verfügbarkeit über identitätstiftende Produkte sich erweiterte und die mühsam aufgebauten Unterschiede durch Massengebrauch verschwanden, mußte der Markt der Konsumgüter sich in rascher Folge vervielfältigen. Von diesem Bedürfnis nach

Identifikation leben die Savoir-vivre- und Lifestyle-Blätter, leben die Unternehmen, die es schaffen, mit Produkten oder Labels zu Signalen der Zugehörigkeit und der Abgrenzung zu avancieren. Und es leben, wie man sieht, sehr opulent die Trendberater davon. So opulent, daß die Zeit kaum ausreicht, atemlos hinter den vielen Engagements herzuhetzen.

Ruth Shalits Waterloo

Der Versuch, Faith Popcorn zu einem Interview oder gar nur ans Telefon zu bekommen, berichtet Shalit, scheiterte jedenfalls. An ihrer Stelle antwortete die vielen Journalisten mittlerweile einschlägig bekannte Pressedame Mary Kay Moment. „Faith erhält derzeit so viele Interviewwünsche, daß es unmöglich ist, sie alle wahrzunehmen. Aber ich würde Ihnen gerne einige Informationen zufaxen, die wir haben. Sie können dann mit jemandem anderen in ihrem Büro sprechen. Das Zitat können Sie dann Faith zuschreiben, wenn Sie den Namen Ihrer anderen Kontaktperson nicht verwenden wollen."
Economy of scale der Zitateproduktion, ein eindrucksvolles Beispiel der Rationalisierung – denn: „Faith ist nicht in der Lage, mit jedem, der anruft, persönlich zu sprechen. Aber wir möchten gern jedem draußen helfen. Dies ist einer der praktikablen Wege, die wir entwickelt haben." Da nun aber die „New Republic" – immerhin eine der wichtigsten linksliberalen Stimmen in den USA – die Liste der politischen Zeitschriften anführt, die bei BrainReserve auf Trends durchgesehen werden, beharrte Ruth Shalit auf einem persönlichen Kontakt mit der Trend-Diva. „Sie berät sich mit ihren PR-Leuten", erwiderte Mary Kay Moment (nach Wochen). „Ich bedaure, Ihnen mitteilen zu müssen, daß sie Ihre Zeitschrift nicht kennt – she's just not familiar with your publication", hieß es schließlich.
Das mag ein Einzelfall sein, auch wenn ein in „New Republic" unter Zusicherung der Anonymität zitierter ehemaliger

Mitarbeiter behauptet, daß BrainReserve seine Trends aus „McCalls", „Woman's Day" und den Reise- und Lifestyle-Beilagen der „New York Times" destilliere. Daß ob solcher Mutmaßungen Ärger in der Branche professioneller Marktbeobachter um sich greift, ist verständlich – zumal es nicht möglich ist, sich auf andere Weise konkret mit den Visionen von BrainReserve auseinanderzusetzen. Es gibt im Report kein statistisch aufbereitetes Material über die Ergebnisse der 2.500 bis 3.000 Interviews, keine publizierte Kategorienliste für die Inhaltsanalyse der 300 Zeitschriften. Die großen, zum Teil viele Jahrzehnte alten demoskopischen Institute wie Louis Harris, Yankelovitch Glancy Shulman oder die halbamtliche Zeitschrift „American Demographics" können minutiös nachweisen, daß sie die von Popcorn (und vielen anderen) wortgewaltig verbreiteten Trends seit vielen Jahren als Aspekte des amerikanischen Verhaltens bereits dokumentierten – mit Zahlen, Fakten, soziodemographischen Zuordnungen und nüchternen Darstellungen. Peter Francese, Herausgeber der „American Demographics" und seit fünfzehn Jahren im Geschäft: „Ich bin auf Konferenzen neben Leuten gesessen, die für die Werbung von Großunternehmen verantwortlich waren und die sagten: Ich brauche Ihr Magazin nicht. Ich bekomme alles von Faith Popcorn."
Auch im Alltag erhält der den meisten Applaus, der die anderen an einer Stelle unterbricht, an der sie eben die Pointe formulieren wollen – und diese Pointe für sich bucht. Wen interessieren da noch die Flops? Selbst die Repräsentanten betroffener Unternehmen wie etwa Smirnoff Vodka in den USA, die von Popcorn mit einer später verlachten Werbekampagne bedient wurden, lassen, wie „New Republic" berichtet, nicht vom Glauben: „Die Lösung, die Faith vorgeschlagen hatte, war gut. Es war die richtige Lösung für die falschen Leute."

Guru aus dem Teufelsmoor

GERD GERKEN

Die leicht unübersichtliche Erfindung der Metatrends

Die Tendenz, Werbebroschüren zu Fachbüchern aufzublasen, hat auch in der deutschsprachigen Beratungsindustrie faszinierte Nachahmer gefunden. Einer der erfolgreichsten ist Gerd Gerken aus dem Künstlerdorf Worpswede am Rande des Teufelsmoores bei Bremen. Nach eigenem Bekunden verrechnet der auch in Miami ansässige „Trend-Guru" pro Tag zwischen 10.000 und 40.000 Mark (70.000 und 280.000 Schilling). Wer es billiger möchte, wird wenig Probleme haben. Denn Gerken gehört zu den unausweichlich präsenten Selbstvermarktungsgenies, die es blendend verstehen, die Spotlights der Publizistik auf ihre Personen zu richten. In seinem neuesten Buch „Trendzeit" plaudert er in signifikantem Unterschied zum Megatrend-Autor Naisbitt und zur Trendmarketing-Diva Popcorn über „neun bedeutende Metatrends", die das Management von morgen entscheidend verändern werden. Der erste und wichtigste ist der altbekannte

■ *Postmodernismus*

Die Weisheit der neunziger Jahre. „Die Welt wird nur dann zum Problem", erläutert Gerken, „wenn wir die falsche Zukunft erfinden." Das ist nicht von der Hand zu weisen. Verwirrend allerdings ist die Tatsache, daß innerhalb dieses Kapitels, das ja einen der *neun Metatrends* ausweist, für die neunziger Jahre vier weitere *Metatrends* identifiziert werden:

- Die *Aussteiger* kommen wieder oder: aussteigen zu sich selbst. Das Ziel: die Selbstgestaltung des Selbst.
- Eine Geist-Hysterie auf dem Sprung: *High spirit* für

jedermann. „Das Ganze könnte auch mit Kundalini und Tantra zu tun haben, also mit sexualisierter Spiritualität, aber eben in ganz neuer Form, abgelöst vom alten Tao und von alten indischen Dogmen. [...] Alles in allem: Das spirituelle Pulverfaß ist deutlich da."

- Eine Avantgarde von *Gegnern der Demokratie* entsteht. „Durch das Ende des Kommunismus wird der Weg frei für die Perestroika der Demokratie [...] Telekratie."
- Eine Sehnsucht nach *kultureller Abrüstung* fängt Feuer. „Immer mehr jüngere Menschen werden sich von den Mustern ihrer nationalen Kultur trennen, weil sie sich nicht mehr nationalistisch fühlen können. Die Identitäten globalisieren sich."

Das also sind laut Gerken vier *Metatrends* (innerhalb des ersten der *neun Metatrends*?). Mit dieser Vernebelung der Argumentationsebenen beginnt das Problem der Zuordnung. Es setzt sich fort, wenn wiederum innerhalb der vier *Metatrends* weitere acht *Einzeltrends* diagnostiziert werden, die für das Busineß Bedeutung haben. Abgesehen davon, daß auch hier die Pauschalisierung „des" Busineß in einer differenzierten Marktwirtschaft nur sehr diffuse Vorstellungen erlaubt, ist nicht einsichtig, auf welche Weise sich diese *Einzeltrends* von den *Metatrends* qualitativ unterscheiden.
Die acht *Einzeltrends* sind:

- Durchsetzung von *Hyper-Realismus* und *konstellativem Denken.*
- Das Entstehen einer *multiplen Identität.*
- Das Überwinden der alten Esoterik: *Light Age* wird wissenschaftlich, und die Technologie steuert auf Solar und Licht.
- Die Entdeckung der *Öko-Mafia.*
- Der Luxus von *Personality* wird entdeckt.
- Das Ende des Generationenvertrages: Der Kampf *Alt gegen Jung* beginnt.
- Die *Verabschiedung von Ehe und Familie.* „Die evolutionäre Liebe wird die romantische Liebe ablösen."
- *Deutschland* entwickelt sich zu einem natürlichen Magneten in Europa.

Damit ist die Arbeits- und Argumentationsstrategie Gerkens bereits im Ansatz charakterisiert:
Empirische Einzelbefunde werden mit philosophischen Gedanken durchsetzt und durch modernistisch klingende Begriffe zusammengefaßt. Gesellschaftspolitische Konzepte durchmischen sich mit esoterischen Welterklärungen. Ob die Begriffe, Konzepte, Ideen, Befunde jeweils jenseits ihres Kontextes haltbar sind, ob sie – was wichtiger ist – in dieser bunten Mischung überhaupt zusammenpassen, ist höchst zweifelhaft. Aber das Stakkato der in einfachster Syntax („Das spirituelle Pulverfaß ist deutlich da!") abgefeuerten Weisheiten zwingt zu einer derart atemlosen Rezeption, daß eine analytische Auseinandersetzung mit den Aussagen kaum möglich ist. Zudem wird sich mit fortschreitender Lektüre zeigen, daß – wie bei Faith Plotkin-Popcorn – auf höchst geschickte Weise allein durch die schwelgerisch vor Neologismen sprudelnde Sprache der Eindruck einer faszinierenden Zukünftigkeit des eigenen Denkens erzeugt wird.
Diese Diagnose von Denkstrategie und Argumentationsstil erhärtet sich bei der Auseinandersetzung mit den weiteren acht der neun *Metatrends,* die hier nur skizziert werden können:

- *Crossing*

Alles vernetzt sich mit allem. Fazit: „Immer mehr Trends benötigen die Kraft anderer Trends, um überhaupt zum Trend werden zu können." Notwendig wird eine *Interplay-Logik.* Strategie für Unternehmer: „Mach mehr Unterschiede, als derzeit möglich sind!" Denn „der neue Massenartikel entsteht aus dem Flow des Weltbewußtseins".

- *Chaotischer Futurismus*

Die Ekstase der Märkte beginnt. „Je mehr Chaos entsteht, um so mehr wird gleichzeitig richtig. Deshalb besteht die Intelligenz der Trends aus ihren Widersprüchen." Strategie für Unternehmer: „Chaos-Management und Trial-Planung", die dafür sorgt, „daß das Unternehmen permanent im fluktuierenden Kontext bleibt, also in der Evolution des Umfeldes".

■ *Telematik*
Die neue Kraft der Selbststeuerung. „Trends haben die Aufgabe, den Augenblick zu finden, der uns zu den Paradoxien des Lebens führt." Unsere Kultur beginnt, ihr grundlegendes Paradigma zu ändern: Sie mutiert vom stabilen Sein zum *offenen Werden* durch das Erfinden. Wir werden zu Nomaden des Geistes, weil wir intensiver als je zuvor die unbekannten Zukünfte suchen. Das ist der *Simuli*-Trend. „Simuli", so Gerken, „sind das Gegenteil von Stimuli. Sie sind also Impulse des Geistes für den Aufbau von inneren Welten. Simuli sind die Impulsgeber für das Erfinden von Neuem: für Mind Design."

■ *Soft culture*
Erfinden ersetzt Entscheiden. Gerkens Alternative zum *Lean Management.* „Es wird immer leichter, Konsumenten zu manipulieren, wenn man bereit ist, zum Dienstleister von Simulation zu werden. [...] Man ist dann dasjenige Szenen-Mitglied, das mit riesigen Ohren zuhört, wo und wann sich im permanenten Rauschen der Simulationen diejenigen Simulationen entwickeln, bei denen es sich lohnt, sie zu unterstützen, weil aus ihnen eines Tages diejenige Lifeware oder Selfware wird, die den Markt zwingt, sich an das Unternehmen oder seine Produkte anzupassen."

■ *Expansives Denken*
Das Ende der Intuition. „Wenn es zu viele Wahrheiten gibt, wird alles zur Zufälligkeit. Wenn alles zur Zufälligkeit wird, ist die Freiheit am größten." Das Bewußtsein der Konsumenten entstehe immer weniger durch Kommunikation als durch Interaktion. Computer und die Faszination für die Cyberwelten, die auch Faith Popcorn stets zu enthusiastischen Szenarien hinreißen, verdichten sich zur Gerkenschen Theorie der *Intersubjektivität,* die den egoistischen Individualismus ablöst, allerdings wieder auch nicht mehr ist als eine aus dem Kontext gelöste alte soziologische Einsicht. Ihr Vordenker, George Herbert Mead, hat diesen Grundgedanken bereits 1930 in seinem lesenwerten wissenschaftlichen Werk über den „generalized other" ausformu-

liert. Die Theorie: symbolischer Interaktionismus. Der Titel des Buches: „Mind [!], Self and Society".

■ *Neue Polarität*

Die Abenteuer wandern in die Innenwelt. Auch das hat die Kollegin Popcorn schon prognostiziert, obwohl ihre *Fantasy-Abenteuer* nicht so hübsch beschrieben sind wie bei Gerken: „Die Trends tanzen die Strukturen schwindlig. So wird alles zum Strudel der Befreiung." In diesem Strudel der Befreiung wird es endlich auch einen neuen Typus Mann geben. In nicht ausgesprochener Anlehnung an Camille Paglia (bei Gerken in der Eile der Parforcejagd durch die Trendliteratur in einem anderen Zusammenhang fälschlicherweise Paglias genannt) entdeckt er das Konzept des *wilden Mannes* als neue Polarität zum Weibe und zum Softie.

■ *Ferne Mythen*

Wohin verschwindet die Wirklichkeit? Offensichtlich ins Chaos. Denn „das Ich ist eine fraktale Dynamik seiner eigenen Erfindung", behauptet zumindest der Schlußsatz des epochalen Werkes.

■ *Interfusion*

Auf den Trends surfen. „Die Punkt-Zeit ist diejenige Zeit, die zuläßt, daß Zukunft und Gegenwart zugleich geschehen können." Das heißt auf deutsch: Die Marketingbemühungen von Unternehmen sollten sich stärker auf die gestaltende Kraft der Phantasien ihrer Kundschaft beziehen: *Co-Evolution*. Damit wird nun auch bei Gerken klar, daß immer, wenn von „Unternehmen" oder vom „Busineß" die Rede ist, allenfalls ein bestimmter Sektor der Dienstleistungs- und Luxusindustrie gemeint sein kann. In der Beispielsammlung von Faith Popcorn wurde dieser „Segmentarismus" der Perspektive ebenfalls deutlich.

Damit entlarvt sich erneut die gesamte Trendliteratur als Auseinandersetzung eines Lifestyle-Marktes mit sich selbst. Denn wenn man genau hinschaut, ist die sogenannte *Interfusion* für ein Unternehmen, das Dichtungsringe oder Halbleiter herstellt oder Industriemineralien fördert, Mineralwasser abfüllt oder Tee importiert, Werbung betreibt oder Zeitschriften herstellt, seit mindestens einem Jahrzehnt notwendige Voraussetzung des Überlebens. Die Vielfalt der Abnehmer zwingt dazu, computer- oder marktforschungsgesteuerte Differenzierungen der Produktpalette zu entwerfen. In weniger dramatischer Weise zeigen beispielsweise auch die architektonischen Konzepte der Fertighausbauer, daß *Interfusion* längst eine Selbstverständlichkeit und keineswegs eine Revolution ist, die in irgendeiner *Punkt-Zeit* geschieht, in der Gegenwart und Zukunft gleichzeitig stattfinden.

Für die Werbung, ganz gleich, ob sie als klassisches Advertising, als Direct-mailing, als Promotion, Event-Marketing oder in irgendeiner sonstigen Variation konzipiert wird, sind detaillierte Gespräche zwischen Kunden und Agentur wesentliches Element der Gestaltung.

Die Autoindustrie wird ohne die konkrete Berücksichtigung der vielfältigen Kundeninteressen durch Sonderzubehör, spezielle Produktlinien und Services nicht mehr auskommen.

Das gilt für den gesamten Fahrzeugbau – für die Hersteller von Eisenbahnen ebenso wie für die Entwickler neuer Flugzeugtypen. Der Erfolg der 50sitzigen Canadair-Jets ist ein prägnantes Beispiel. Die Ausweitung der Streckennetze auf kleinere Destinationen, die wachsende Konkurrenz und die sinkende Auslastung der größeren Flugzeugtypen haben zur kundenorientierten Entwicklung von Zwischentypen geführt, die die Geschwindigkeiten des „normalen" Jets mit der Wirtschaftlichkeit kleinerer Maschinen kombiniert.

Im Bereich der bereits erwähnten Industriemineralien, auf dem Sektor der Füllstoffe für Kunststoffe oder in der Kosmetikindustrie ist die Entwicklung von Produkten nur in einem Joint-development von Herstellern und Anwendern denkbar.

Dienstleistungen aus dem Künstlerdorf

Selbst die härtest gesottenen Leser der aktuellen Managementliteratur werden sich nach hundert Seiten Gerken

(und die meisten seiner Bücher umfassen weit mehr als 400 Seiten) nach der vergleichsweise deutlichen Sprache der Soziologie sehnen und tätige Reue dafür schwören, daß sie deren Vokabular früher verlacht und diskriminiert haben. Der Vorsatz ist nicht nur edel. Er ist vor allem zielführend. Denn eine mutige Nachfrage bei einem halbwegs informierten Soziologen wird zur Aufklärung führen: Was Gerken hier in sein Konglomerat einmischt, ist nichts anderes als die von Paul Watzlawick schon lange sowohl informativer als auch unterhaltsamer popularisierte wissenschaftliche Debatte um den *Konstruktivismus.* Der geht im Grunde schon auf Kant zurück, ja er prägt die gesamte Geistesgeschichte und umspielt die Frage, ob die Welt objektiv vorhanden oder nur durch das menschliche Zutun denkbar sei. Es ist die Frage danach, wie wirklich die Wirklichkeit sei.
Gerkens Kenntnis aller Meta-, Mega-, Einzel- und sonstigen Trends resultiert indes aus der Arbeit des Instituts für Trendforschung, das er im Künstlerdorf Worpswede unterhält, in einem mit anthroposophischer Linie von Bernhard Hoetger in den frühen zwanziger Jahren erbauten Architekturjuwel. „Das Institut hat es sich zur Aufgabe gemacht, der Wirtschaft im deutschsprachigen Raum wichtige zukunftweisende Trends in qualifizierter und regelmäßiger Form zu präsentieren." Die Methode: das *Radarsystem.* Es basiert laut Selbstbeschreibung des Instituts am Schluß der Gerkenschen Bücher „auf 26 Megatrends und beobachtet kontinuierlich die dynamischen Verläufe von rund 170 Trends. Darüber hinaus werden globale Metatrends diagnostiziert und ganze Trendlandschaften beschrieben". Grundlage seien *Inhaltsanalysen (Content analyses)* von „Medien mit frühen Inhalten", Expertenauskünfte und teilnehmende Beobachtung, dieses insbesondere in Szenen, Subkulturen und avantgardistischen Initiativen.
In einer Fülle von Angeboten streut der Zukunftsberater seine Erkenntnisse und Einsichten unters zahlende Volk. Ein *Zukunftsletter* konzentriert sich hauptsächlich auf deutsche, europäische, amerikanische, japanische und High-Tech-Trends. Eine Reihe von *Beilagen* vermittelt den Ein-

druck, daß im Hoetgerhaus in Worpswede und neuerdings im Büro in Miami ein Troß höchst gelehrter, methodisch versierter, kosmopolitischer, didaktisch geschulter Brahmanen tätig ist. „Brain" bringt die aktuellsten Trends der Gehirnforschung und Bewußtseinspraxis; „World" vermittelt die aktuellen Trendsignale aus der Welt des Designs und der Kultur; „Los Angeles" zeigt Trends aus Kalifornien, „Miami" Lifestyle-Trends aus Florida, „Pacific" aus der Pazifikregion, „New York" aus New York. Was man noch bestellen, buchen und besuchen kann: *Gerken in Zukunft* – grundsätzliche Richtungstrends für das Busineß, im Abonnement; *Trendseminare* in Hamburg oder München; *Exclusiv-Seminare,* die hauptsächlich ganzheitliche und globale Metatrends aufarbeiten. Weiters wird angeboten eine *progressive Visionsberatung* im Hinblick auf Führung, Organisationsprobleme, Personalpolitik, Fortbildung und Personalentwicklung, Marketing und Interfusion, Öffentlichkeitsarbeit und Issue-Politik, Lobby- und Verbandsarbeit, Produktentwicklungen und Innovation, Design- und Identity-Architektur, Marken. Darüber hinaus schneidert Gerken mit einem *exclusiven Trend-Monitoring* den Entscheidern unterschiedlicher Branchen ein Beratungskonzept zurecht, das nur „einmal pro Branche vergeben werden kann". Daß persönliches *Coaching* für Manager, *Marken-Tuning* (obwohl Gerken lautstark das „Ende der Marken" propagierte) und exklusive *Workshops* wie der einmal im Jahr durchgeführte *Visionstag* oder der ebenfalls einmal im Jahr stattfindende *Evolutionstag* das Angebot abrunden, ist beim ohnehin schon universalistischen Programm kaum verwunderlich.
Das Buch „Trendzeit" ist eine Werbebroschüre für diese Arbeit dieses Instituts.

Gerken auf dem Prüfstand – seiner selbst

Konsequenterweise bewertet sich Gerken daher in diesem Buch selbst. Er stellt die „Trends für das Jahr 2.000", die er

1989 publizierte, auf den Prüfstand. Siehe da: es ist alles eingetroffen. Der *Trend zum Ökosozialismus,* der *Trend zur Informationsökonomie* und der *Trend zum Bewußtsein,* den Gerken in „Geist" 1991 mit asiatischer Philosophie unterfütterte. „Nun, das ist ein absoluter und brillanter Volltreffer gewesen", resümiert er seine eigenen Bemühungen. Bei dieser Brillanz der Vorhersagen ist es nicht verwunderlich, wenn auch der *Trend zur Fragmentierung,* der *Trend zum visionären Konservativismus* und der *Trend zum CIM-Marketing* „mächtig im Kommen" sind.
Die erste Frage, die sich auch hier wieder stellt, ist die nach dem Neuigkeitswert dieser Einsichten. Die zweite Frage bezieht sich auf die Verständlichkeit. Gerken ist ein Meister der Wortschöpfungen. Ob seine Kreationen auch tragbar sind, ist lange schon Gegenstand eines heftigen öffentlichen Disputs. Ein Beispiel mag demonstrieren, woran sich die Irritation seiner Kritiker entzündet und wie eine simple soziodemographische Beobachtung – die der gesellschaftsverändernden Kraft der geburtenstarken Jahrgänge – mit einem klingenden Begriff zum Bewußtseins-Talmi degradiert wird, das sich dann als überraschende Erkenntnis ausgibt.
„Der fünfte Trend meines ersten Trendbuches war der Trend zum visionären Konservativismus: Die Baby Boomer verändern unseren Lifestyle. [...] Dieser Trend ist jetzt auf dem Höhepunkt, er dürfte also zwischen 75 und 95 Prozent Durchdringungsgrad haben, das heißt, die jetzige ‚neue Spießigkeit', wie sie in den Medien häufig tituliert wird, hat sich voll ausgebreitet, und auch die von mir prognostizierte Konfrontation zwischen den Baby Boomern und den neuen Alten ist ebenfalls weitgehend da. Die ersten Konflikte sind aufgebrochen. Wie ich damals prognostizierte, werden die Baby Boomer ab 1990 massiv in die Wirtschaft eindringen, das heißt, ihr partizipatives Verständnis von Freiheit und Effizienz wird dafür sorgen, daß die Erosion des Kadersystems beginnt. [...] Immer mehr junge Nachwuchsmanager verlangen nämlich eine offene Kultur und eine Automatisierung der Entscheidungen. Dieser Trend ist so heiß und so

reif, daß man nun wirklich sagen kann: Wer sich jetzt noch nicht trennt von autoritären Kaderprinzipien, der zerstört seine kollektive soziale Energie im Unternehmen."

Zunächst zum Semantischen: Übersetzt heißt diese Passage, daß die *Baby Boomer* mehrheitlich einen sogenannten *visionären Konservativismus* pflegen und *unseren Lifestyle* verändern. Dieser *visionäre Konservativismus* äußert sich in einer *neuen Spießigkeit.* Zudem ist die Konfrontation zwischen *Baby Boomern* und *neuen Alten* ausgebrochen. Das hieße, daß auch eine Konfrontation des *visionären Konservativismus* und der *neuen Alten* zu beobachten wäre. Was die *neuen Alten* repräsentieren, müßte an anderer Stelle geklärt werden.

Nun dringen ab 1990 *Baby Boomer* „massiv" in die Wirtschaft ein. Mit ihnen dringt „partizipatives Verständnis von Freiheit und Effizienz" in die Wirtschaft ein. Das wiederum bedeutet, daß der *visionäre Konservativismus* sich als „partizipatives Verständnis von Freiheit und Effizienz" darstellt. Was ist das konkret? Gruppenarbeit, autonome Teams, partizipative Kultur bei Mercedes und Audi?

Der Durchdringungsgrad des Trends, daß die *Baby Boomer* unseren Lifestyle verändern, liege zwischen 75 und 95 Prozent. Was heißt das für die Durchsetzung des „partizipativen Verständnisses von Freiheit und Effizienz"? Und wie verträgt die sich mit der *neuen Spießigkeit,* die ja den *visionären Konservativismus* prägt? Schließlich: Wer sind die *Baby Boomer*? Routinierte Leserinnen und Leser werden im Register nachschlagen – wie es für ein Buch, das im wesentlichen von neuen Begriffen und neuartigen Begriffsvernetzungen lebt, selbstverständlich ist. Diese Dienstleistung immerhin offeriert Gerken seinem Publikum. Was die *Baby Boomer* betrifft, wird es dünn. Sie erscheinen nur noch einmal auf der Seite 474, in einem Kapitel, das mit der Zeile überschrieben ist: „Der Abschied von den Zielgruppen kommt!" Dieser Abschied von den Zielgruppen bedeutet für Gerken übrigens nicht, daß nicht von einer *jungen Konsumgeneration* gesprochen werden kann – also einer großen Schar von Menschen, „die Baby Boomer und ihre Kinder, die man Echo Boomer nennt". Und diese Generation springt immer ungenierter von Lifestyle zu Lifestyle. Man wird sich also die Mühe machen müssen, im ersten Trendbuch Gerkens nachzuschlagen, um zu erfahren, wer präzis die *Baby Boomer* sind, welchen Anteil sie an unserer Gesellschaft haben. Zahlen gibt es aber auch da keine.

Das fraktale Chaos der Trendzeit

Die Kombination aus einfachster Syntax und einer hochkomplizierten Semantik, die im wesentlichen von einer anglizistischen Einfärbung bekannter Begriffe lebt, charakterisiert Gerkens öffentliche Werke, seine Bücher, Vorträge und Newsletters. Dabei werden zusätzlich und als Belege in hochverdichteter Form die Kernbegriffe neuer Forschungszweige wie etwa der Chaosforschung eingestreut – dies im übrigen nicht nur bei Gerken, sondern auch bei seinen Mitstreitern im Geiste, Gertrud Höhler und Matthias Horx. Einzelergebnisse, die Abhängigkeit von bestimmten Wissenschaftskontexten wie etwa der Mathematik, Zweifel, wissenschaftliche Kontroversen, unterschiedliche theoretische Zugänge und Relativierungen der Praxisanwendungen werden ignoriert.
Das läßt sich wiederum eindrucksvoll an wenigen Passagen aus verschiedenen Vorträgen illustrieren. Die seit den frühen siebziger Jahren weithin bekannte Tatsache des *Decline of mass markets* wird von Gerken in den Begriff des *fraktalen Marktes* gekleidet. Der Begriff *Fraktal* ist aus der nichteuklidischen Geometrie entlehnt, wie sie 1975 von B. Mandelbrot entwickelt wurde, und hat sich zu einem Modewort gemausert, das beispielsweise auch bei der Charakterisierung neuer Bürokonzepte verwendet wird. Was heißt nun *Fraktal?* Ein *Fraktal* ist, wie Gerken sagt, nichts anderes als das, was der Nobelpreisträger Gert Binnig als „homogene Inhomogenität beschrieben hat". Aha. Die Konsequenz: „Man muß also die wachsenden Unterschiede und Moden immer wieder zu neuen Homogenitäten zusammenfassen."

Klaus Brandmeyer, Markentechniker aus Düsseldorf, kommentiert den Ansatz Gerkens kritisch: „Ich denke, daß sein Gebrauch des Begriffs ‚Fraktal' nicht zusammenpaßt mit dem, was die fraktale Geometrie damit meint, nämlich das Prinzip höchster Selbstähnlichkeit. Denn bei Gerken geht es immer um die Nichtselbstähnlichkeit, um das ständige Aufbrechen der Selbstähnlichkeit, weil er Erstarrung fürchtet." Es sei überhaupt eine falsche Konsequenz, immer mehr Bewegung in die Marken zu bringen, meint Brandmeyer, denn Gerken beschäftige sich gerade „mit dem kleinen Prozentsatz von Menschen, die eine Gesellschaft durch Ideen, Innovationen und Wechselbereitschaft unter Dampf halten. Aber die entscheidende Gruppe, um die es im Markt geht, also die Ernährer der Marken, machen 80 bis 85 Prozent aus. Die scheuen nichts mehr als den Wechsel. Diese Leute hat Gerken nicht im Blick. Er hat die anthropologische Konstante nicht im Auge, daß der Mensch vor allem Gestaltsicherung sucht und betreibt und nicht Gestaltänderung." Das wiederum bedeute nicht Bewegungslosigkeit im Marketing. „Die Möglichkeiten des Marketing, auf Marken einzuwirken, sind langfristig zwar nicht ausreichend, um Marken wertsteigernd zu führen. Der strategische Wert der Marken wird für die Unternehmen aber immer deutlicher; etwa dadurch, daß keine neuen Marken eingeführt werden, sondern unter bestehenden Marken neue Produkte."

Diese Diagnose wird von der Marketingberaterin und Psychologin Carmen Lakaschus aus dem hessischen Röderberg geteilt: „Je stärker und attraktiver eine Marke ist, je mehr wünschenswerte Nutzenaspekte sie besitzt, gekoppelt mit einem guten Preis-Leistungs-Verhältnis und einer gewissen Ökologieverträglichkeit, desto mehr gibt sie den Verbrauchern das Gefühl der persönlichen Befriedigung und des guten Gewissens." Ulrich Morasch, Marktforscher in Heidelberg, argumentiert, daß „gute Marken" so schnell nicht altern und „vordergründige Modernität nicht nötig haben". Am Beispiel der hektischen Beweglichkeit der Benetton-Auftritte und dem gleichzeitigen Verfall der Sympathiewerte für den Strickmodenhersteller illustriert Morasch die

Gefährlichkeit der Verallgemeinerung der postmodernen Thesen des *fraktalen Marktes.*
Man kann es auch so formulieren: Gerken beschäftigt sich mit den publizistisch überbetonten Bewegungen von Moden, *Feelings* und kurzfristig zu Trends hochstilisierten Zurschaustellungen von Accessoires, mit denen eine bestimmte Schicht von Konsumenten herumspielt. Wir werden später sehen, daß beispielsweise die sogenannte *junge Konsumgeneration,* die von Lifestyle zu Lifestyle springt, sehr bald zu Konstanz und Konsumtraditionalismus zurückfindet, wenn eine dauerhafte Beziehung oder gar eine Familie gegründet wird (vergleiche „Neue Eltern: Der Baby Boom der Baby Boomer"). Trotzdem zeigt sich auch in dieser Spielerei ein einheitlicher Trend. Das räumt auch Gerken ein. Auf einer nicht näher definierten übergeordneten Ebene gibt es große Gemeinsamkeiten – wie wieder beispielsweise der Ausdruck von der *jungen Konsumgeneration* nahelegt. Gerkens Analyse präzisiert – richtig – also eine bestimmte in den Gesamtmarkt eingelagerte Schicht von unübersichtlichen Verhaltensweisen. Die Reaktion darauf müsse durch eine übergeordnete Homogenität charakterisiert sein. Diese übergeordnete Homogenität sei nicht mehr durch klassische *Nutzen-Dächer* zu definieren, weil durch die Betonung der persönlichen Vorteile die Welt der schnellen Moden nicht repräsentiert sei. „Man muß also alles eine Etage höher aufhängen: Aus den bisherigen Dächern der Marken werden Mythen, weil die Mythen so universal sind, daß sie die Kraft haben, alle fraktalen Moden zu vereinen. Oder anders gesagt: Nur Mythen haben die Kraft, die schnellen Moden zu steuern." Mythen als Lösung – aber wie geht das? Wie macht ein Unternehmen aus Dichtungsringen, Eisenbahnwaggons oder Tonerprodukten für Farbkopierer einen Mythos?
Bevor seine atemlose Leserschaft sich mit derlei Fragen überhaupt tiefer gehend beschäftigen kann, führt Gerken schon mit Verweis auf die postmoderne Philosophie des Franzosen Gilles Deleuze den nächsten Begriff ein: *Rhizom.* „So ein Rhizom ist nichts anderes als ein Tanz unterschied-

licher Bewegungen und Moden. Es wird also die Marke nicht mehr profiliert, sondern es wird die Marke durch Streams (aktuelle Sehnsüchte der Gesellschaft) immer wieder neu codiert. Die Marke lebt durch die Moden. An die Stelle des Profils tritt deshalb das Rhizom."

Das hieße wörtlich übersetzt: An die Stelle des Profils tritt so etwas wie ein Wurzelstock (denn nichts anderes bedeutet *Rhizom,* was immer Deleuze daraus auch abgeleitet haben mag), „eine unterirdisch oder dicht unter der Bodenoberfläche waagerecht oder senkrecht wachsende, mehr oder minder verdickte, Nährstoff speichernde (jedoch nicht zur Assimilation befähigte), ausdauernde Sproßachse [...] vieler Stauden", wie der Brockhaus definiert. Diese Metapher kann nur bedeuten: Unterhalb der wechselnden Moden existieren Wurzelstöcke der gesellschaftlichen Selbstverständlichkeiten, die an verschiedenen Stellen gleichartige Gewächse hervorbringen.

Selbstverständlichkeiten werden so zu pseudotheoretischen Gedanken-Netzwerken. Pseudotheoretisch deshalb, weil die Grundbegriffe dieser Theorie ohne weitere Definitionen aus ihrem angestammten Zusammenhang gerissen und neu zusammengefügt werden. Das ist zwar im Hinblick auf eine postmoderne Destruktion des Denkens charmant, führt aber zwangsläufig zu Verwirrungen, weil das in Frage Gestellte „auf einer höheren Etage" wieder auf sein eigenes Grundprinzip zurückgeführt wird.

Die weitschweifigen Umwege, die Gerken abschreitet, lassen nun aber den Eindruck entstehen, wir lebten in einer unablässigen Folge von Revolutionen innerhalb einer fundamentalen Revolution, die unser Gehirn verändert hat – zum neuzeitlichen Erregungshirn. Für Gerken scheint dieser aufwendige Weg durch alle erdenklichen Gebiete hochkomplizierter Wissenschaften allerdings notwendig zu sein. (Ob ein einzelner Mensch die Kompetenz aufbringt, all diese Dinge angemessen zu erfassen, soll hier nicht diskutiert werden.) Er kennzeichnet das gesamte Werk des Worpsweder Unternehmensberaters: Die voluminösen Bücher sind nämlich nichts anderes als eine Vermischung attraktiver Grundgedanken, eine Anhäufung von Beobachtungen, Ergebnissen aus der Marktforschung, vorgeblich oder tatsächlich sensationellen Erkenntnissen neuerer Wissenschaftszweige wie der Hirnphysiologie, der Chaosforschung oder der erwähnten fraktalen Geometrie und ihre Überführung in ein plastisches Begriffswerk.

Die Entdeckung des Geistes

Dieter Kessler, Mitarbeiter beim führenden deutschen Werbebranchenmagazin „Werben & Verkaufen" („W & V"), faßt nach der Lektüre seinen Eindruck zusammen: „Gerkens Denken ist eklektizistisch. Es braust durch die Geistesgeschichte der Welt und organisationstheoretische Ansätze wie ein goldener Wirbelwind, und wo er vorbeiwirbelt, da wächst kein Gras mehr und kein Gedanke. Gerken ist an jedem Ort zu jeder Zeit präsent, und immer war er schon vor sich da." Zur Fundierung dieser Kritik führt Kessler einige Schwächen des Buches an:

- Gerkens wilder Eklektizismus. Die weiter oben anhand des *fraktalen Marktes* beispielhaft skizzierte Rückführung der von Gerken benutzten Begriffe auf ihren Originalkontext führt immer wieder zu theoretischen Verballhornungen der Ursprungsidee im Hintergrund dieser Begriffe. „Wo immer es um die Durchdringung einer Frage ginge, ist Gerken mit einer flotten Formulierung bei der Hand; er preßt Disparates zusammen, ohne Neues zu gewinnen."
- Die Anleihen bei Laotse. Gerken entwirft ein weitreichendes, dreiteiliges *Tao-Projekt,* mit dem die Lehren des chinesischen Weisen auf die Probleme des modernen Managements angewendet werden sollen. Darüber kann man diskutieren, wobei allerdings die Frage gestellt werden müßte, ob die Grundidee einer solchen Transplantation überhaupt denkbar ist, ob der „Geist" des Tao sich auf die Frage anwenden ließe, wie sich mehr italienische Halbschuhe oder Heckspoiler für getunte Autos, Dich-

tungsringe oder Halbleiter verkaufen lassen. Plausibler scheint allerdings der Gedanke, daß die kulturellen und zeitlichen Unterschiede zwischen der chinesischen Philosophie und den Marketingproblemen westlicher Welten zu groß sind, um eine Adaption zu erlauben. Zumal der Geist des Tao auch die Kundschaft durchdringen müßte, damit eine Korrespondenz der Seelen erreicht werden kann.

Kessler wirft Gerken allerdings noch einen wesentlich simpleren Fehler vor: Laotse nicht verstanden zu haben. „Nach dem lovigen Abschied vom Marketingmanagement (oder so) haut Gerken nun endgültig philosophisch auf den Putz, indem er sich den alten chinesischen Denker Lao-tzu zur Brust nimmt, dessen Vorstellung des Tao er fürs Management nutzbar machen zu können glaubt. [...] Es geht hier nicht um einen Grundkurs in Philosophie; doch wer es unterfängt, sich auf einen äußerst schwer zu durchdringenden chinesischen Philosophen zu berufen zum Zwecke einer modernen Managementtheorie, der sollte wenigstens in Ansätzen zu verstehen versuchen."

- Drittens fragt Kessler: „Wie sieht das Geheimnis des sich als Guru des geistgoldenen Managements gerierenden Gerken aus? Es sieht nicht aus, es heißt ‚Mind Design'. Bei allem Verständnis für die Unfähigkeit Gerkens, den rechten Gedanken und das treffende Wort zu finden, welches Menschenbild steht hinter diesem Wort? Das des Gurus eben, des aus göttlicher (oder pseudophilosophischer) Eingebung Gespeisten, der von jedem verlangt, sich umzumodeln nach seinem Willen."

Wie sähe dieses *Mind Design* denn in der Praxis aus?

Fairerweise muß diese Frage gestellt werden.

Eine Antwort gibt Gerken selbst in einer Kolumne, die er seit einiger Zeit in der lesenswerten Fachzeitschrift „Mensch und Büro" schreibt. Gegen die Zentralisierung des Geistes gerichtet, die vom Topmanagement aus den *Unternehmensgeist* prägt, plädiert er für eine Dezentralisierung des Geistes und ein neues Gruppenkonzept. „Das ist das,

was uns die Japaner vormachen, also das verstärkte Einsetzen von autonomen Teams, die nach den Prinzipien der Selbstorganisation arbeiten.“ Bedauerlicherweise kann die Gruppe „nur dann gut sein, wenn sie als Feld gemanagt wird, wenn sie Kollektivintelligenz erzeugen kann, wenn die Kultur des Unternehmens nicht logisch, sondern energetisch ist“. Das Management muß über „Rituale und mythische Zeremonien“ laufen, „also das ganze Spiel, das man in der Symboltheorie und im Schamanismus kennt“. Das soll man hoffentlich nicht wörtlich nehmen, weil der Schamanismus auf der Transzendierung des Geistes in jenseitige Welten durch Trancezustände beruht. Der Schamane versetzt sich zur Einleitung dieser Übung in Ekstase, indem er Drogen nimmt, Tänze aufführt, Trommel- oder Rasselgeräusche produziert. Was „die“ *Symboltheorie* ist, muß offenbleiben. Sicher ist nur eines, daß es keine einheitliche *Symboltheorie* gibt.
Weiter im Gerken-Text, der aus dem Schamanismus und der nicht näher identifizierbaren *Symboltheorie* den Sprung in die *Komplexitätsforschung* (Sie wissen schon: Komplexitätsforschung!) unternimmt, „wie sie zum Beispiel von Christopher Langton und Brian Arthur entwickelt worden ist“. Die Aussage, die dieser Theorie entlehnt wird, heißt, daß die Topmanager den Gruppengeist, das *Ingenium* herstellen, indem sie die Gruppe immer wieder in eine *selbstorganisierte Kritizität* (der Ausdruck stammt laut Gerken von einem Per Bak) hineinsteuern. Dazu braucht man *Soft Factors,* keine Aktennotizen, Zielvereinbarungen, strategischen Pläne. Dazu braucht man: versteckte Bedeutungen, unausgesprochene Werte, heimliche Prinzipien. Und die machen eigentlich die Gruppen überflüssig. In diesem Sinne wünscht Gerken am Ende uns, also den Lesern, „ein bißchen Nachdenklichkeit“. Das wird nach der Lektüre der Bücher, der Vorträge, der Trendradars und der vielfältigen sonstigen Emanationen des Schamanen G. aus W. nicht schwer sein. Nur eines will sich nicht so recht einstellen: Verständnis.

Kalenderweisheiten

GERTRUD HÖHLER

Kommunikation im erloschenen Vulkan

Gertrud Höhler ist der Beweis ihrer Theorie: „Kommunikation lebt vom Austausch, lädt sich täglich auf mit Feedback und neuem Input, jeder ist Nehmender und Gebender zugleich, die starre Rollenverteilung von Ordern, Liefern, Zahlen wird aufgesprengt wie der Kegel eines scheinbar erloschenen Vulkans. Die Lava, der Ressourcenmix von Stein und Feuer, kochendes Baumaterial für Zukunftslandschaften, verändert das Terrain, auf dem wir wirtschaften."
Sie lädt sich täglich auf, als Unternehmensberaterin und Model für Anzeigen von Computer- und Kreditkartenunternehmen, als Autorin, als Beirat in zwei Verlagen, als „Non Executive Director" im Vorstand des britischen Nahrungsmittelkonzerns Grand Metropolitan, als Beraterin des deutschen Verteidigungsministeriums und Kuratorin der Privatuniversität Witten-Herdecke und der Führungsakademie des Landes Baden-Württemberg, des „Forums für alte liebenswerte Bäume in Deutschland", als Senatorin in der deutschen Fraunhofer-Gesellschaft, Fellow des Wissenschaftskollegs Berlin, Vorstand der Stiftung Denkmalschutz und der schweizerischen Management-Gesellschaft, als Beirat im deutschen Umweltministerium und Beinahe-Ministerin in Hessen und Niedersachsen, Kommunikationsberaterin von Autofirmen und Banken.
Was sie in diesen vielfältigen Funktionen in den letzten Jahren sammelte und dann in einem eleganten Recyclingverfahren ebenso wortgewaltig wie blumig wiedergab, mit einer vulkanartig ausbruchsfreudigen Metaphorik und beseelter Inbrunst, ist vor allem in zwei Büchern nachzulesen: „Spielregeln für Sieger" und „Wettspiele der Macht".

Beide sind Bestseller des Wirtschaftslebens. Lebensberatung für irritierte Manager, die sich im fraktalen Chaos der Trendzeit nicht mehr auskennen.
Doch sind die Rezensionen dieser Bücher nicht frei von Irritationen. Das hat weniger damit zu tun, daß es nicht so recht gelingen will, eine klare Argumentationslinie zu entdecken. Die Irritationen resultieren eher aus dem Eindruck, daß da schon wieder mit lautem Wortgeklingel altbackene Theorien des sogenannten modernen Managements propagiert werden – was dann durchaus das zweifelhafte Kompliment zuläßt, Gertrud Höhler sei „die deutsche Popcorn".
So schrieb angesichts der Lancierung der „Wettspiele der Macht" im November 1994 die österreichische „Wirtschaftswoche", daß die Leser, die sich konkrete Handlungsanweisungen erwarteten, enttäuscht würden: „Mit markigen Worten geißelt sie [Gertrud Höhler] die unnütze Bürokratie in den Großunternehmen. Doch hat der Leser verstanden, daß es ein Ende haben muß mit der ‚postmateriellen Schlaraffenlandsensibilität' der ‚High Speed Hedonisten', da warnt die Autorin auch schon vor der Auszehrung der Unternehmen nach einer übertriebenen Abmagerungskur. Sie mahnt Manager zu mehr Aggressivität, um sie wenig später zu ermuntern, den Wettbewerb doch ‚spielerisch' zu verstehen. [...] Hinter den unzähligen Anglizismen und den klobigen Metaphern – die Autorin bevorzugt Jagd- und Spielmotive wie bei ihren Werbeaufnahmen für American Express und Apple Computer – verbirgt sich wenig Neues."
Das fand das deutsche „Handelsblatt" schon bei der Auseinandersetzung mit den „Spielregeln für Sieger", in dem Höhler eher auf sanfte Führungstugenden setzt: „Ein neues Profil des Siegers soll dort geschnitzt werden, der uralte Tugenden wie Dienen, Wärme spenden, Nähe zulassen, neu belebt hat; der kommunikativ, emotional und sensibel ist, über sich selbst nachdenkt, seine Siege nicht gegen andere, sondern mit anderen holt. Bullshit." Die „Hannoversche Allgemeine", eine Regionalzeitung von überregionalem Rang, drückte es in einem Erlebnisbericht nach einem Höhler-

Seminar im Dezember 1993 vornehmer aus: „Wenn Gertrud Höhler etwas beherrscht, dann ist es einwickeln. Zum Management-Forum, zu dem sechs Unternehmerverbände [...] geladen hatten, präsentierte die eloquente Professorin Päckchen ganz besonderer Art. Zehn Spielregeln zum Meistern der Wirtschaftskrise in Deutschland, so die verheißungsvolle Ankündigung, wollte die Wahlberlinerin vor der erwartungsvollen Schar von 500 Managern und Unternehmern auspacken. Wer nun geglaubt hätte, daß die 52jährige selbständige Unternehmensberaterin in profane Niederungen betriebswirtschaftlicher Alltagsprobleme hinabsteigen würde, befand sich auf dem Holzweg."

In der Tradition des Neokonservatismus

So dezidiert äußern sich allerdings wenige Blätter. Die Regel ist, daß Thesen aus den Büchern exzerpiert und publiziert werden, was ja immerhin Seiten füllt und den Anschein von Modernität schafft. Das liegt im Trend: Berichterstattung über die Trend-Gurus. Mit denen will man es sich nicht verderben, solange Manager und Bosse sie in die Führungsetagen einladen und sich den Wertewandel der Gesellschaft erklären lassen, um wieder zu betriebswirtschaftlichen Kräften zu kommen. Der Applaus ist meist überwältigend. So auch in Hannover auf dem Management-Forum: „Schließlich", so die „Hannoversche Allgemeine", „kann sie reden wie keine zweite." Sie ist, wie das österreichische Branchenblatt „A3boom!" verzückt schrieb: charmant, tough, Starpublizistin, Temperamentbündel und vor allem „Trend-Expertin, die keine unbequemen Aussagen scheut". Mit Bewunderung stellte das Blatt fest, daß die „erfolgreiche Buchautorin, die als eine der profiliertesten Denkerinnen in Deutschland gilt", 1990 beim Österreichischen Direktmarketing-Verband in einer Rede zur neuen Unternehmenskultur „schwere Geschütze" auffuhr: „Unternehmen", so Höhler, „die es nicht schaffen, daß sich jeder Mitarbeiter unentbehrlich fühlt, begehen ein Verbrechen."

Ein wichtiger Schritt zur Bewältigung der Sinnkrise sei die Schaffung einer neuen *Kommunikationskultur.* Was sie unter Kommunikation versteht, ist oben bereits dargelegt. Wie das „Verbrechen gegenüber den Mitarbeitern" in das ebenfalls zeitweilig von Höhler favorisierte Konzept des *Lean Management* paßt, bleibt offen. Vermutlich betrifft es nur die Mitarbeiter, die nicht auf der Strecke bleiben.

Geschmeidigkeit der Argumentation, das läßt sich an derlei vulgärdialektischen Verschleifungen ablesen, ist die große Stärke der Gertrud Höhler. Sie präsentiert eine „opera aperta". Jeder, der sie liest, der ihr zuhört, der die verstreuten, ebenso willfährig wie werbewirksam von allen erdenklichen Medien publizierten Exzerpte zur Kenntnis nimmt, fühlt sich irgendwie angesprochen, weil sich sehr viel in die offenen Worte hineindenken läßt. Managementberatung wird zur Séance, die Vision entsteht in den Köpfen der zahlenden Kundschaft.

„Sie ist unheimlich eloquent und überzeugend", sagt Klaus Hernstorfer, Ausbildungsleiter des Österreichischen Sparkassenverbands. Er hat Höhler schon 1989 zu Vorträgen eingeladen. „Allerdings ist die Umsetzung im Alltag eine zweite Sache. Solche Vorträge dienen eigentlich eher der Motivation des mittleren Managements. Sie geben das Gefühl, man hat etwas Richtiges getan."

Höhler weiß sich mit virtuoser Treffsicherheit in Argumentationstrends einzureihen, mal versöhnliche, mal harte, mal postmaterielle, dann wieder analytisch-wissenschaftliche oder romantische Stilrichtungen des Zeitgeistes für sich zu nutzen. Damit erfüllt sie das wesentliche Kriterium des postmodernen Charakters, wie er vom kongenialen Kollegen Gerd Gerken so trefflich formuliert wurde: Alles ist richtig, alles ist falsch.

Richtig war, zur richtigen Zeit, die harsche Kritik an den Intellektuellen. In ihrem Buch „Gesinnungskonkurrenz der Intellektuellen" schrieb sich Höhler an den neuen Thesen des aus den USA importierten Neokonservatismus entlang. Helmut Schelsky schrieb damals sein böses Buch „Die Arbeit tun die Anderen", und Politiker gefielen sich in der süffisanten Zerlegung des Intellektuellen, wenn sie auch nicht mehr, wie einst der deutsche Wirtschaftsminister und Kurzzeitkanzler Ludwig Erhardt, zu zoologischen Metaphern griffen, wie etwa „Ratten“ oder „Pinscher“. Höhler fühlte sich also berufen, die Ideologisierung der Intelligenz zu brandmarken, die Neigung der sogenannten „linken“ Intelligenz, Tagträume für die Jugend zu liefern. Höhlers Fazit: „Der Gesinnungseifer [der Intellektuellen] entspricht den Fehlbeständen an transzendenter Zuflucht.“

Diese Klage über den Verlust ewiger Werte läßt Höhler ein Jahr später in dem pamphletistischen Werk über „Die Anspruchsgesellschaft. Von den zwiespältigen Träumen unserer Zeit“ erneut laut werden. Die Botschaft wiederholt sich: Grundwerte sind ausgehöhlt, die klassischen Rollen von Familien, Paaren, von Mann und Frau und natürlich die der Intelligenz sind unbedeutend geworden. Höhler führt beredte Klage über die *multioptionale Gesellschaft,* deren Berücksichtigung sie in den „Spielregeln für Sieger“ 1990 dann allerdings zu einem der unausweichlichen Erfolgsfaktoren deklariert. Aber 1979 heißt noch *Fassadenethik,* was die von ihr inkriminierten Intellektuellen lieber „Pluralismus“ nennen oder „Toleranz, Solidarität und Chancengleichheit“. Pluralismus, so Höhler damals, zerstöre die Persönlichkeit und verschütte den Zugang zu den wahren Seinswerten. Das Übermaß an Freiheiten begrabe das Grundrecht auf einen Lebenssinn. Und natürlich wird Konsumfetischismus vehement verworfen. Der Weg zurück zur alten Zufriedenheit bestehe darin, daß man selber mitwirken muß, sie zu erreichen.

Dies gilt vor allem für die „Kinder der Freiheit“, wie der Titel des 1983 von Höhler veröffentlichten Buches heißt. „Jugend fordert den extremen Wert, das unverhüllte Ideal, die ungebrochene Tugend, weil wir sie an Zwischenwerte, an Bescheidenheit und Rücksicht, an Realismus im Fordern nicht gewöhnt haben.“ Das Buch ist dem Sohn Abel gewidmet, mit dem sie später in Anzeigen posierte.

Auch in dieser immerhin 238 Seiten umfassenden neokonservativen Programmatik bricht ein wenig von dem Talent durch, das Höhler als Beraterin in anspruchsvolle Honorare umsetzte: semantische Unverbindlichkeit: „Wir leben mit einer Anzahl ersehnter Errungenschaften, deren Handhabung uns überfordert. Und während unser Wertsystem stabilisiert werden müßte, um uns für die angewachsenen sittlichen Aufgaben zu kräftigen, die wir uns zumuten, leidet es an fortschreitender Erosion."

Seitenwechsel zur pragmatischen Ethik

Die Therapie auf diese graue Diagnose, die auch in Gertrud Höhlers Büchern über das Glück (1981) und über Bäume (1984) verfolgt wird, bezieht ihre Kraft schließlich aus markt- und karrierestrategischen Gesichtspunkten: Es sind die „Spielregeln für Sieger". Da geht es allerdings um die andere Seite des Konsums, um die Produzenten eines überbordenden Angebotes, die auf dem pluralistischen Markt unsicher geworden sind, weil die Mitglieder der Anspruchsgesellschaft auf der Suche nach dem Glück herumspringen, wie es ihnen gerade einfällt: „Was sich jetzt, zu Beginn der neunziger Jahre, herauskristallisiert, ist eine neue Dimension der Wünsche. Kategorien, die sich bisher auszuschließen schienen, erscheinen plötzlich in enger Nachbarschaft: Aktivität und erwartungsvolle Erlebnisbereitschaft, schöpferische Unordnung und systemschaffende Intelligenz, Informationshunger und meditative Rückzüge." Nichts mehr von einer Werteverwirrung: „Ein neuer Sense of balance macht sich geltend, der uns in allen Bereichen des modernen Lebens wiederbegegnet, wo die neue Generation am Werke ist, bei dem Aufbau persönlicher Lebenskonzepte und bei der Formulierung von Lebenszielen, die sich aus beiden Bereichen bedienen, dem öffentlichen und dem privaten Leben."
So gilt denn, wie der Titel des ersten Kapitels verheißt, die Suche einer *neuen Balance.* Worin diese *neue Balance* besteht, bleibt offen. Weder die kleinen Zweispalter am Fuße jeder rechten Seite – der postmodernen Nervosität

zeitknapper Leser vorausgreifend als Schnell-Lesedurchgang deklariert – noch der verwirrte Rückgriff auf den Text selber lassen eine klare Aussage erkennen.

„Nicht mehr das ‚Leben von der Stange' zählt, sondern die individuelle Komposition aus Lebensentwürfen. Gerade die potentiellen Spitzenleute haben eine klare Vorstellung von ihrem Lebens- und Aufstiegsweg." Siebenunddreißig solcher Sätze sind es, mit denen das erste Kapitel kondensiert wird, siebenunddreißig Kalendersprüche, die sich in den Erörterungen über die *innovative Führung,* die Bedeutung des *geistigen Potentials,* die *Innovation, die in den Köpfen beginnt,* den *Kunden* als Mittelpunkt, *Spielpläne für Fitness* fortsetzen. Dann endlich folgt das Kapitel, das im Titel die größte Nutzanwendung verspricht: *Tugenden für Sieger.* Aber zunächst einmal erfährt man nicht mehr, als daß wir heute weniger Zeit haben als unsere Vorfahren. Daraus resultiert eine überraschende Einsicht: „Zeitökonomie wird wichtiger, je größer die verplanbaren Zeitbudgets jedes einzelnen werden. Je mehr Eigensinn bei der Zeitgestaltung wirksam werden kann, desto verstrickter sieht sich das einzelne Ich." Deshalb sollte eine Führungspersönlichkeit, die „Geld anbietet, um Menschen zu gewinnen", im selben Atemzug auch „erfüllte Zeit" anbieten. Damit sollen Mitarbeiter begeistert werden. „Die kühle Kiste ‚Partnerschaft' muß angewärmt werden." Daraus folgt rot auf weiß auf Seite 365: „Führungskräfte haben Macht über die Zeit anderer Menschen. Sie tragen deshalb eine hohe Verantwortung. In der neuen Forderung an die Arbeitszeit steckt die Wiederentdeckung der subjektiven Zeit."

Das ist ein hoher ethischer Anspruch. Wie er aber einzulösen ist, wie diese Art von Zeitökonomie, die sich zwischen der Notwendigkeit von Arbeitsorganisationen und der nötigen Motivation bewegt, in den einzelnen Betrieben konkret umzusetzen ist, darüber schweigt sich Frau Höhler aus. Sie gibt nicht einmal Beispiele. Mit weit, weit ausladenden Schritten durchmißt sie die wirtschaftsphilosophischen Territorien, mahnt dazu, daß wir uns den „ethischen Implikationen unseres Handelns" nicht mehr entziehen, erinnert daran, daß das „Wirtschaften“ immer aus Sach- und Wertentscheidungen besteht, und verrät schließlich doch noch auf der Seite 374 der zeitgeplagten Managerin und dem zeitgeplagten Manager einen „einfachen alten Katalog“ von Tugenden:

- *Klugheit,*
- *Gerechtigkeit,*
- *Mut* oder *Tapferkeit,*
- *Maß.*

Sollte es Leser geben, die sich angesichts derartiger Ergebnisse einer fast vierhundert Seiten starken Abhandlung die intensivere Lektüre des zukunftweisenden Werkes sparen wollen, wird man wenige Argumente finden, die gegen eine solche Entscheidung sprechen. Abgesehen vielleicht vom Unterhaltungswert, der sich besonders in einer Exkursion in die Welt der Soziobiologie einstellen dürfte. Im ersten Unterkapitel der „Spielpläne für Fitness“ breitet Frau Höhler die neuesten Ergebnisse „der“ Soziobiologen und Verhaltensforscher aus, „die aus dem Regelwerk von Evolution und Arterhaltung, Werbung und Konkurrenz verblüffende Parallelen zum Unternehmensalltag bieten“. Auch wenn man außer acht läßt, daß das, was weitläufig unter den Begriffen *Soziobiologie* oder *Verhaltensforschung* zusammengefaßt wird, eine höchst kontroverse und keineswegs durch klare Einzelergebnisse charakterisierte akademische Disziplin darstellt, ist es verwunderlich, daß die Modelle der *Naturvölker* und des Löwenrudels sinnvolle Analogien zum modernen Unternehmen abgeben sollen.

Läßt man wiederum außer acht, daß der Begriff *Naturvölker* eine unzulässige Pauschalisierung der vielfältigen Kulturen dieser Welt darstellt, daß zweitens der Begriff des *Naturvolks* dem Vokabular eines längst vergangenen kolonialistischen Zeitalters entstammt, bleibt immer noch eine irritierte Verwunderung über den Spagat zwischen theoretischer Betriebswirtschaftslehre und praktizierter Vulgärethnologie. „Die archaische Gemeinschaft, umgeben von konkurrierenden Völkern, sichert die eigene Identität in ganz ähnlicher Weise, wie das moderne Unternehmen tun: Zeremonien und Gebräuche aus dem gemeinsamen Traditionsbesitz, Riten und Feste halten die Gemeinschaft zusammen. Die verläßliche Wiederkehr bestimmter Zusammenkünfte (Meetings!), der gemeinsame Informationsbesitz wirken wie eine schützende Mauer um die Corporate Identity der ‚Firma' Naturvolk." Außerdem werde bei den Naturvölkern „unnachsichtige Auslese" praktiziert. Man sondere die Schwachen und Kranken ab. Parallelen zum modernen Unternehmensalltag, so Höhler, drängen sich auf. Erschreckt über den zweifelhaften Darwinismus, der hinter einer solchen Analogie lauert, beschwichtigt sie ihre Leserschaft gleich darauf wieder, wenn auch halbherzig. „Die Erkenntnis, daß die Organisation die Starken und Mutigen braucht, kann aber auch nicht zugunsten des humanitären Traums von einer karitativen Grundmelodie im Unternehmen beiseite geschoben werden. Das Unternehmen ist keine Sozialstation – es muß aber als Organisation in einer hochentwickelten Kultur soziale Netze spannen, die den Schwächeren ihre Würde lassen."

Die Befürwortung derart paternalistisch herablassender Almosen kann nicht darüber hinwegtäuschen, daß das Gesellschaftsbild der Frau Höhler in den überholten Auffassungen eines Manchesterkapitalismus gründet, dem einige modernistische Konzepte eingeimpft wurden. Das wird ergänzt durch ein wildes Gemisch aus pauschalisierten Ergebnissen unterschiedlichster Disziplinen, von der Philosophie des Aristoteles bis zur modernen Chaosforschung – nach jeweiligem Bedarf interpretiert. Innere Widersprüche werden gelassen in Kauf genommen, so auch die bereits zitierte Analogie des modernen Unternehmens und der *Naturvölker.*

Wenige Absätze nachdem diese *Naturvölker* für die Konsistenz der Unternehmenskultur herhalten mußten, wird, im Unterschied zur Isolationstendenz der Stammeskulturen, *Blutaustausch* in den Unternehmen angemahnt. Dazu wäre sicher aus ethnologischer Sicht viel zu sagen, etwa über die ritualisierten Formen der Kommunikation zwischen verschiedenen Stammeskulturen. Aber es wäre nur ein weiterer Beleg für die oberflächliche und aphoristische Arbeitsweise der Autorin. Es mag daher genügen, die entsprechende Textstelle zu zitieren. „Die eingekapselten Stammesgruppen sind nicht mehr das Erfolgsmodell – und doch besteht die Neigung bei den Menschen, zur Sicherung des eigenen Terrains erst einmal Mauern zu ziehen, statt sie einzureißen. [...] Derweil zieht draußen die Welt zu einer neuen Kulturstufe – oder die Konkurrenz zu neuen Markterfolgen. Der Blick in die abgeschotteten Stammeskulturen kann also auch die modernen Manager das Nachdenken lehren."

Dschungelbuch für Manager

Nachdenklich werden diese modernen Manager vermutlich auf einer der Exkursionen, die Höhler schwachbrüstigen Exemplaren der Spezies vorschlägt: Exkursionen in die Wildnis. Denn „wo das Alles würgend wird, da lockt das Nichts; wo die Fülle uns ersticken will, da träumen wir vom Mangel". Raus aus dem Büro also! Faith Popcorns *Wildering* ist angesagt, ohne daß die kongeniale Kollegin aus den USA erwähnt wird. „Nicht mehr der bläßliche Büromensch ist die Leitfigur unserer dynamischen Jahre, sondern der durchtrainierte Dschungelkämpfer. Wer auf diese Weise selbst Distanz gewinnt, erkennt Probleme schärfer." Und wer nun diese schärfere Erkenntnis durch einen weiteren Blick trainieren möchte, dem wird die weitere Lektüre der Soziobiologie anempfohlen. Dort lernt er das Prinzip der *optimalen Paarung* kennen. „Die Evolution ist [...] ein Auslesegeschehen unter lauter Siegern."
Wie sind nun deren Spielregeln? „Nicht die Begünstigung der Schwachen", so die Botschaft für Konzernstrategen, sondern die „Förderung der Sieger ist das richtige Auswahlprinzip". Natürlich gibt es da auch noch ein bißchen Ethik, und auch die Natur hat ja Auffangsysteme „für ihre geschwächten oder sterbenden Mitglieder – die Elefanten

zum Beispiel oder die Wale". Aber ansonsten herrscht das Recht des Stärkeren, allerdings, wie das Löwenrudel zeigt, im Team. „Teams brauchen starke individuelle Persönlichkeiten. [...] Nur Individualisten werden in der Gruppe stärker – und stärken damit die Gruppe. So die Löwen." Auch bei ihnen gilt das darwinistische Zuchtprinzip. „Die natürliche Auslese erleichtert unter Löwen das, was in den Unternehmen durch Personalarbeit erreicht werden muß: die Auswahl der Besten." Eine bahnbrechende Einsicht, die durch den zoowirtschaftlichen Lehrsatz in Rot auf Seite 303 unten rechts noch einmal eindrücklich bebildert wird: „Vielleicht können die ausgeruhten Löwenprofile in ihrem schönen Gleichmaß der Haltung die rastlosen und streßgeplagten Topmanager das lehren, was ihre Ärzte ihnen seit Jahren vergeblich zu erklären versuchen." Etwa, daß man die starken Löwinnen jagen lassen und das patriarchalische Haupt dösend in die Sonne halten sollte? Offenbar: denn „die schnellen Löwinnen der neuen Frauengeneration verfügen über Kompetenzen, die den Kunden viel gründlicher überzeugen als die Sprüche aus dem Musterköfferchen der smarten Außendienstler männlichen Geschlechts". Vor allem vermutlich, wenn die Kunden Antilopen sind. Die soziobiologische Beobachtung, daß die Patriarchen des Rudels sich an der Beute, die die jungen Löwinnen erjagt haben, als erste den Bauch vollschlagen, wird vorsichtshalber nicht erwähnt.
Dieses Konglomerat aus modischen Managementtaktiken, hegelianisch dunkel formulierten Aphorismen, Science-fiction, Psychologie, Ethnologie, Philosophie, Brehms Tierleben und Busineß-Feminismus, Popcorn, Gerken und Einsprengseln katholischer Soziallehre setzt sich im neuen Buch Höhlers in eindrucksvoller Weise fort. Da geht es dann um *strategische Allianzen* mit dem Kunden und um die revolutionäre Einsicht, daß Dienstleistungen das *Produkt der Zukunft* seien, wieder um die Chaosforschung, die die New-Age-Berater offensichtlich stark fasziniert, um *Streß, Fitneß-Strategien, Psychoseminare* und im Kapitel „Management of change" um das neue Modewort *lean.*

Die interessanteste Einsicht, die sich bei der Lektüre der „Wettspiele der Macht“ einstellt, ist die, daß Beratungserfolg offensichtlich nicht an neue Ideen oder Methoden, eigene Forschungsergebnisse oder verständlich aufbereitete Organisationssysteme geknüpft ist, sondern auch Ergebnis eines weitgehend unverständlichen und in sich widersprüchlichen Recyclings aller erdenklichen Konzepte sein kann. Das beginnt im Klappentext: „Management of change ist nicht, wie viele behaupten, ein neues Crash- und Streßprogramm auf Kosten der Menschen im Markt. Im Gegenteil: Wer jetzt seine Organisation unter Streß setzt, statt die Wettkampflust der Mitarbeiter zu wecken, der wird den Quantensprung in schlanke Systeme verfehlen. Das schlanke Unternehmen ist ein Prozeßoptimierer, auch was die Leistungsfähigkeit der Teams angeht. Topmanagement wird in diesem lebendigen Strom der kommunikativen Leistungen zur zentralen Dienstleistung.“

Dann entdeckt Gertrud Höhler das dialogorientierte Marketing und die Dienstleistungsgesellschaft und die Schwäche des Wirtschaftsstandortes Deutschland, *Lean Management* und sechs Regeln für den unternehmerischen Erfolg:

- Der Mitarbeiter weiß mehr vom Kunden als die Führung.
- Der Mitarbeiter verfügt über Entscheidungswissen.
- Das Management muß nicht unternehmensgerechte, sondern marktgerechte Arbeitsbedingungen für Mitarbeiter schaffen.
- Die Führung steht auf den Schultern der Mitarbeiter.
- Führung und Mitarbeiter verlassen sich nicht mehr auf das Produkt, sondern auf das Bündnis mit dem Kunden.
- Wer Macht als Selbstzweck versteht, gefährdet die Ergebnisse des Unternehmens.

So weit, so bekannt. Ist das alles? Nein, es folgen sechs Erfolgsfaktoren, die sich aus diesen Regeln ableiten:

- Das Erfolgsfeld ist der *Markt,*
- *Glaubwürdigkeit,*
- *Herausforderung* als Triebkraft der Kultur,
- *offene Kommunikation,*
- *Teams* als Erfolgsgeneratoren,

■ *Leistungskultur.*
Was heißt das nun im einzelnen? Es heißt: Unternehmensführung vom Markt her, Bindungsmanagement, Kundenorientierung. „Die schlanke Gestalt solcher Richtwertkataloge ist nicht nur in lean-orientierten Phasen wichtig, in denen der Zuruf schrumpft auf das lakonische Motto, der Slogan zum Ausrufezeichen kondensiert wird, damit alle enger zusammenrücken. Slim und schmal hätten solche Kataloge von Essentials schon immer sein müssen, weil Einigung von vielen Menschen auf Leitvorstellungen zwangsläufig zu einem Kondensat der einfachen Grundwerte führt, damit die Spielräume für Mißverständnisse kleiner, die Sammelplätze für gemeinsame Überzeugungen überschaubarer werden."
Wie bereits in den „Spielregeln für Sieger", also für die Dschungelkämpfer, die sich wie ein Löwenrudel benehmen, war die Strategie des Lesers vermutlich die, zunächst einmal im Resümee nachzuschauen, das die Essenz des Buches enthalten sollte. Wir haben gesehen, daß das eher Verständnislosigkeit produzierte. Diese Irritation erhöhte sich durch die Lektüre der Merksätze am Boden der jeweils rechten Seite und vollendete sich nach der Lektüre des gesamten Buches. Das ist in den „Wettspielen der Macht" kaum anders – mit dem kleinen Unterschied, daß man noch weniger versteht, denn die Sprache Höhlers wird hier kryptisch und entwickelt sich zu einem Beschwörungsritual. Einige der Formeln, zum Beispiel über das neue Selbstverständnis der Unternehmen im Wettbewerb: „Von der Pyramide in die offene Arena" – „Von der steilen Festungshierarchie zur selbstorganisierten Teamkultur" – „Vom autoritären Anbieter zum kommunikativen Bündnispartner".
Damit dies alles verständlicher wird, sind in dem mit Copyright Prof. Dr. Höhler versehenen Tableau eine Pyramide und eine Art Kreis aufgemalt, in dem sich acht stilisierte Figuren aufhalten, offensichtlich Männer. Das Resümee im roten Merksatz: „Die Krise macht allen klar, daß sie in einem Boot sitzen: Führung, Mitarbeiter, Zulieferer und Zwischenhändler. Der Kunde steht am Ende dieser Kette aus Kunden-

verhältnissen, deren Dienstleistungsqualität immer häufiger mehr Gewicht hat als die Qualität der Produkte."

Je weiter man in der Lektüre fortschreitet, desto stärker drängt sich das Gefühl auf: das ist Gerken ohne Light-Age-Philosophie. So etwa, wenn Höhler schreibt: „Added value ist der Mehrwert des Qualitätsproduktes, der in der Bindungsgeschichte mit dem Kunden entsteht." Oder: „Marktführer sind nur scheinbar durch ihre Produkte überlegen. In Wahrheit sind sie es durch ihren Geist, durch ihre Vision." Oder: „Die strategische Allianz mit dem Kunden zwingt das Unternehmen zur kommunikativen Vernetzung." Früher sagte man einfach, daß das Essen dem Gast schmecken muß und nicht dem Wirt beziehungsweise der Köder dem Fisch.

In einer Hinsicht unterscheidet sich Höhler von Gerken jedoch fundamental. Denn für sie ist *Added value,* also der Mehrwert und der Motor der Kundenbindung, die *Markenpower,* die wiederum aus sechs Elementen besteht:

- *Marktanteil,*
- *angemessener Preis,*
- *Langfristigkeit,*
- *Problemwahrnehmung* und *Zuordnung,*
- *Kundenbindung* wie Bekanntheit, Kundeneinstellung, Verbreitung, Kundentreue,
- *Organic growth.*

Insgesamt also wieder Selbstverständlichkeiten und im Grunde nichts anderes als Übersetzungen des Wortes „Marke".

Diese strategischen Einsichten, die sich der Leser anhand des Inhaltsverzeichnisses zusammensuchen kann, werden gekrönt von dem, was für ihn persönlich interessant ist: vom „Spielplan für das Management".

Er bildet den Schlußakkord des Buches und läßt sich mit einem alten chinesischen Sprichwort zusammenfassen: „Herr der Vergangenheit ist, wer sich erinnern kann, Herr der Zukunft ist, wer sich wandeln kann."

Folglich lautet die erste Regel für den Management-Spielplan:

- Entwickeln Sie eine Kultur, die den Wandel begrüßt – oder auch: *Welcome change.* Bestimmen Sie Trends und Innovationsgeschwindigkeit selber.
- Delegieren Sie Erfolgskompetenz.
- Formulieren Sie eine klare Vision und Strategie. So entsteht geistige Fitneß.
- Behalten Sie das Ziel fest im Auge – sichern Sie Identität.
- Halten Sie das Geschäft einfach. Oder auch: *Keep the business simple.*
- Streben Sie nach dem Unmöglichen.
- Gewinnen Sie immer die Besten.
- Entwickeln Sie ein Gespür für Herausforderungen.
- Kommunizieren Sie mehr.
- Halten Sie die zentrale Mannschaft klein.

Es würde zu äußerst langweiligen Exegesen führen, wollte man nun Stück für Stück die Wege analysieren, auf denen Höhler zu diesen Erkenntnissen gelangt – also etwa die Bedeutung neuer Kommunikationstechniken und die Bewältigung von Streß, wobei das hinlänglich bekannte Arsenal der Zeitschriften „Vital", „Fit for Fun" oder „Psychologie heute" und „Reader's Digest" noch einmal ausgebreitet, vor einseitiger Ernährung gewarnt und gelegentliches Lachen empfohlen wird. Es würde zu zeitraubenden semantischen Analysen führen, wollte man auch die Höhlerschen Weiterungen des Wortes *Lean Management* im einzelnen testen – also ökonomische und kontrollarme Prozesse, Kundenorientierung, Transparenz und Tempo, *High Quality Management.* Wiederum also Modebegriffe dominieren in den „Wettspielen der Macht" und eine Reihe von seltsamen Analogien wie diese: „In einem schlanken Unternehmen lassen sich, wie beim abgespeckten menschlichen Organismus, die einzelnen Muskelpartien wieder erkennen."

Und noch einmal: die Chaosforschung

Es würde schließlich auch zu nutzlosen Anstrengungen führen, wollte man wieder einmal die Interpretation der Chaosforschung im einzelnen auf ihre betriebswirtschaftlichen Implikationen durchtesten. Die Argumentationsführung läßt jedenfalls nicht mehr erkennen als die üblichen Pflichtbestandteile der modischen Anwendung des begrifflichen Repertoires, wobei der prominenteste dieser Begriffe natürlich auch hier nicht fehlt: das *Fraktal.* Klingt ganz nach Gerken. „Daß verborgene Ordnungsstränge im vermeintlichen Chaos pulsieren, ist für Manager wichtig, weil es zu einer Korrektur des Zugriffs auf Probleme zwingt. [...] Das ist die Chance, die für komplexe Großsysteme aus der Chaosforschung bezogen wird", so Höhler. Die Belege bleibt sie ebenso schuldig wie die kritischen Auseinandersetzungen mit derlei Analogien. Das entspricht auch nicht der Methode. Denn die besteht aus Beispielen, die als Erklärungen und Belege für vorangehende Beispiele benutzt und dann in eine Managementregel umformuliert werden: „Die selbstähnlichen Strukturen, bei denen jede Einheit das Bauprinzip des Ganzen wiederholt und damit den anderen Einheiten und dem Ganzen in allen Teilfunktionen und Strukturen ähnlich bleibt, ist ein überlegenes Bauprinzip, nachdem Natur, Architektur und Kunst lange vor dem computergestützten Blick in die kleinsten Einheiten ‚chaotischer' Figuren verfahren sind. Was das Auge begeistert und den Geist befriedigt, ist die vielfach symmetrische, fraktale Ordnung in den Fensterrosen von Chartres oder Reims wie im gotischen Maßwerk, im Seestern, in der Lilienblüte wie im regellos-regelhaften Geäst einer Buche, Linde oder Metasequoia. – Unternehmensstrukturen können durchaus mit den Schönheiten dieser Fraktale wetteifern, wenn sie zugleich deren Wetterfestigkeit und Biegsamkeit, Elastizität und Materialbeständigkeit teilen."

Selbstähnlichkeit als Prinzip des Unternehmens? Konkreter gefragt: Vertrieb und Werbeabteilung, Personalbüro und Controlling, Poststelle und Telefonzentrale als *Fraktale?*

Das ist blanker Unsinn, weil sich eine funktionierende Unternehmensstruktur auf dem Prinzip der Subsidiarität der unterschiedlichen Teile aufbaut – was nebenbei Strategien wie *Outsourcing, strategische Allianzen, Profit-center-Prinzip* und *Wandlungsfähigkeit* ermöglicht.
Auf die Branche der Trendforschung angewendet, scheint das Bild der *Fraktale* allerdings tatsächlich stimmig zu sein. Sowohl untereinander als auch in sich zeigen die vielfältigen Bücher unterschiedlicher Autoren und Autorinnen eine erstaunlich modulare Struktur auf: Immer wieder stoßen wir auf dieselben Partikel, die sich gegenseitig durch ihre Ähnlichkeit auch in ihrer Geltung zu bestätigen scheinen. Da durch die Verleihung des Nobelpreises an den deutschen Wirtschaftswissenschaftler Reinhard Selten nun die Spieltheorie ins Blickfeld der Öffentlichkeit geraten ist, dürfen Wetten darauf abgeschlossen werden, daß auch sie bald zum Erklärungspotential der Beratungsgurus zählen wird.
Die Höhlersche Methode erinnert stark an Peter Sellers' Figur des Mr. Chance, der die Welt, die er nur aus dem Fernsehen kennt, mit Spruchweisheiten interpretiert und es damit bis zum Präsidenten der Vereinigten Staaten schafft.
Einhundertsiebenundsiebzig solcher Sätze sind es in den „Spielregeln für Sieger“, einige mehr in den „Wettspielen der Macht“ – zusammengenommen reichen sie aus, um für jeden Tag des Jahres auf dem Abreißkalender des Managers das passende Motto zu plazieren.

Die Stars von morgen?

HORX, CHAUVEL UND ANDERE

Trends aus dem Horx-Büro

„Das Trendbüro", schreibt Matthias Horx in seinem 1993 erschienenen „Trendbuch", „ist eine Agentur für Consulting, Monitoring und Recherche. Von der schlichten Beratung bei der frühen Planung eines Produktes über die Mitarbeit bei Kampagnen und Produktdesign reicht unser Angebot. Wir organisieren Kongresse, Multimedia-Shows und arbeiten für Fernsehen und Printmedien."

Die Methode im Hamburger Trendbüro ist der Vorgehensweise der anderen Beratungsfirmen abgeschaut: *Media Monitoring* – Vor-Lesungen. Das läuft im einzelnen so ab:

- Der Grundstock des Wissens entsteht aus dem *Scanning der kulturellen Oberflächen.* Es werden Zeitungen und Zeitschriften, Radio- und Fernsehprogramme ausgewertet; die Trendbüro-Mitarbeiter beobachten die Buchproduktion der Verlage (das wären etwa 60.000 Titel pro Jahr, wenn man die Neuerscheinungen zählt, die auf der Frankfurter Buchmesse vorgestellt werden), die Programmentwicklung in den Museen, Theatern und sonstigen öffentlichen Institutionen. Zusätzlich werden laut Selbstdarstellung fünfzig Fachzeitschriften für technologische Entwicklung, Futurologie und neuere Naturwissenschaften *gescannt.* Da das alles offensichtlich nicht sonderlich viel Zeit erfordert, werden weiters „intensiv" die Entwicklungen in den elektronischen Medien auch in Amerika und in Japan beobachtet. In der Freizeit besucht die Trendbüro-Mannschaft Diskotheken, Clubs, Restaurants und Läden, analysiert Werbung und Videoclips und tummelt sich in der Welt der Jugendlichen.

Wenn sich „eine Häufung gleichartiger Muster" ergibt, wird zunächst eine Trendthese aufgestellt. „Nun korrelieren wir das jeweilige Phänomen mit objektiven Daten: Stimmen unsere Beobachtungen mit den substantiellen Grundströmungen in der Gesellschaft überein, diagnostizieren wir einen Trend."

- Neben dem *Scanning* wird das sogenannte *Monitoring* betrieben. Das ist ein Scanningprozeß, der in einem eingeschränkten Teilbereich stattfindet.
- *Trend Scouting* findet in bestimmten Gruppen statt, deren Lebensstil in Ton und Bild festgehalten und später analysiert wird.
- Die *Cross-Culture-Trendanalyse* resultiert aus der Konsultation von Experten aus Medien, Wissenschaft und Kultur. In solchen Sessions werden Philosophen zu Turnschuhen, Psychologen zu Fleischbrühe und Literaten zum Thema Ernährung befragt.
- Das *kollektive Orakel* geht davon aus, „daß ein bestimmtes Ensemble kluger Köpfe auf dem Weg kollektiven Ahnens Trends voraussehen kann".
- *Trendwelten-Präsentation* ist ein Verfahren zur sinnlichen Erfassung komplexer Trends, dessen präzise Wirkungsweise aus der Beschreibung nicht erkennbar ist. „Trendwelten sind virtuelle Räume", schreibt Horx, „in denen Gegenstände, Töne, Geräusche, Stoffe, Gerüche zu einem kohärenten Stil versammelt sind, der sich derzeit in unserer Kultur entfaltet. Man kann diesen Raum begehen, beriechen, betasten und interpretieren. In einem anschließenden Trendwelten-Workshop können die Teilnehmer einer Präsentation ihr Weltendummy erarbeiten."
- Wie bei BrainReserve gibt es Pakete, mit denen die Abonnenten eines nicht für den öffentlichen Markt verfügbaren *Spezial-Trend-Letters* in regelmäßigen Abständen mit Gegenständen und neuen Produkten zu Trendentwicklungen versorgt werden.
- Im *Trendmuseum* werden vermutlich diese Gegenstände („von Kerzenhaltern bis zu Pappsärgen") verwahrt.

- *Dummies* werden für Zukunftswaren entwickelt.
- Schließlich berät das Trendbüro Redaktionen, hält Kontakte zu Multimedia-Agenturen und tut auch sonst sehr viel.

„Das Instrumentarium stammt im wesentlichen aus zwei Bereichen, nämlich Soziologie und Journalismus. Soziologie, weil wir natürlich wissen müssen, wie sich die Gesellschaft entwickeln wird. Auf der anderen Seite steht Recherche, Recherche, Recherche. Wir versuchen so viel wie möglich Fakten reinzukriegen. Das unterscheidet uns von anderen Trendinstitutionen, daß wir mit möglichst viel Material arbeiten. Es geht uns darum, zu beobachten und zu dokumentieren, wie sich Stilveränderungen in Zukunft abspielen werden, und zwar vor allem in den Sektoren Alltagskultur und Konsum." Welche Schlußfolgerungen nun aus den Ratschlägen und der Sammlung des Trendbüros zu ziehen sind, bleibt Sache der beratenen Unternehmer selbst. Im Unterschied zu den Wagnissen, die eine empirische Marktforschung eingeht, bleiben die Risiken für die Horxschen Voraussagen gering. Denn: Die „Zuverlässigkeit [ist] insofern recht groß, weil wir nicht wirklich quantifizieren. Also wir sagen nicht, nächstes Jahr werden Sie, lieber Kunde, 7.593 Autos in Grün verkaufen. Das interessiert uns weniger. Was wir sagen können, ist, daß dieses oder jenes Segment, daß dieses oder jenes Lebensgefühl sich ausweiten wird. Und da sind wir praktisch bei 100 Prozent."

Der domestizierte Zufall

Die vielfältigen Facetten des gesellschaftlichen Lebens der neunziger Jahre bestätigen fast jede Trendprognose. Das ist ja der erstaunliche innere Widerspruch, der die Trendindustrie kennzeichnet: Auf der einen Seite wird, um es mit den Worten Gerkens auszudrücken, der *Optionalismus* als Grundmerkmal der Postmoderne ausgemacht. Das heißt, daß sehr unterschiedliche, milieubedingte oder auch nur situationsabhängige Verhaltensweisen zu beobachten sind.

Andererseits werden Entwürfe von zehn oder zwölf Basistrends angeboten, die alles zu überlagern scheinen. Unausweichlich also kommt es zu zwei Arten von Widersprüchen: Erstens zeigen sich bei der Beobachtung der Wirklichkeit verwirrende Inkonsistenzen. So sah sich, wie im entsprechenden Kapitel bereits angedeutet, Faith Popcorn nach der lautstarken Prognose des *Cocooning* gezwungen, den Begriff durch allerlei seltsame Zusatzattribute (*Salooning, geselliges Cocooning* etc.) auch auf solche gesellschaftlichen Phänomene anzuwenden, die eigentlich mit diesem Begriff überhaupt nicht zu erfassen waren. Auch die These Horx', daß die nachindustrielle Konsumgesellschaft eine *Rezessionskultur* ausgeprägt habe, läßt sich jederzeit bestätigen und widerlegen. So verliert regelmäßig zur Weihnachtszeit die *Rezessionskultur* oder die *neue Bescheidenheit,* wie man sie vor einigen Jahren noch nannte, ihre Bedeutung. Statt dessen oder daneben wird der *neue Luxus* ausgerufen, wie Ende 1994 neuerlich im „Stern" – publikumswirksam auf dem Cover. Die Methode: Beispiele luxuriöser Überflüssigkeiten, astronomische Preise, aber wieder keine repräsentativen Zahlen über die Verbreitung des vermeintlichen neuen Trends.

Diese beiläufigen Dokumentationen unserer Alltagskultur sind nicht mehr als beliebige Bestandsaufnahmen aus dem facettenreichen Leben einer Gesellschaft, in der über nunmehr fünf friedliche und wirtschaftlich relativ solide Jahrzehnte jede Menge Stoff angesammelt werden konnte, aus dem der Alltag sich gestalten läßt. Der von Marktforschern so lebenssprühend als *multioptional* charakterisierte Kunde neigt tatsächlich zum Kauf von billigen No-names oder zu einem Imbiß bei einer Burger-Station. Wer nächtens die Würstelstände in der Wiener Innenstadt absucht, wird lebendige Belege für die These der *Rezessionskultur* finden. Nach allem, was die Marktforschung in ihrer Irritation mühsam herausgearbeitet hat, findet aber gleichzeitig bei denselben Personen auch genau das Gegenteil statt. Es ist nicht einmal unwahrscheinlich, daß viele der Kunden an diesen Würstelständen nach einem ausgedehnten und luxu-

riösen Diner mit anschließendem Bar- und Beislbesuch einen diffusen Appetit befriedigen, der eben nur mit einem Paar Würstel und einem Bier aus dem Pappbecher zu stillen ist. „Freistilkonsumenten" nennt sie der Linzer Möbeldesigner Willi-Gert Fehlinger, deren Geschmack „zwischen Burenwurst und Kaviar" oszilliere. Und in einer Studie über den „Konsumenten '92" der Wiener Arbeiterkammer zeigte sich zumindest für Österreich, daß Kaufmotive wie Prestige und Design einen weit höheren Stellenwert als Langlebigkeit und Umweltverträglichkeit einnähmen.
Was man nun aus diesem Angebot empirischer Beobachtungen am Rande der Societytrampelpfade als bemerkenswert heraushebt, hat auch immer mit publizistischen Konjunkturen zu tun. Mal setzen die Medien eben auf den *Luxusboom,* dann wieder auf die *neue Bescheidenheit.* Daß beide Verhaltensweisen gleichzeitig existieren, ist belanglos. Wichtig ist, auf welche Erscheinungsformen unseres Alltagslebens der Suchscheinwerfer eingerichtet ist: auf die Reservierungslisten der Innenstadtlokale oder auf die Schlangen an den Würstchenbuden.
Dieser diffuse Appetit auf vordergründige Unvereinbarkeiten entspricht möglicherweise auch dem Hang zum *Authentischen,* den Horx als einen weiteren Verhaltenszug in unserer Gesellschaft spürt. „Das hat natürlich viel mit Rezessionen zu tun. Wir denken deshalb, daß Hersteller heute eher mit so etwas wie Authentizität wieder Vorsprung erringen können. [...] Junge Menschen merken das, ob die Marketing-Abteilung ein authentisches Interesse verfolgt oder ob da was aufgesetzt und einfach ein Thema besetzt wird. Authentisches Marketing ist genau das, was wir vom Trendbüro im Moment versuchen, auch mit den Kunden zu entwickeln: das ist die Nahtstelle, wo Trendforschung die Funktion hat, Spiegelbild der Gesellschaft zu sein."
Manchmal genügt da schon die Faszination eines Films oder eines Romans. So brach nach Joseph Hellers verwirrter Frage: „Was geschah mit Slocum?" eine weltweite, faszinierte Auseinandersetzung mit der Midlife-Krise los. Und

nach Douglas Couplands „Generation X“ wurde der Trend einer Nach-*Yuppie*-Generation ausgerufen, deren Vertreter zwischen allen Stühlen sitzen und zukunftslos in grauer Illusionslosigkeit sich gerade noch in der Lage sehen, den Alltag irgendwie zu bewältigen. Auch das ist ein Trend, den Horx im Trendbuch feststellt. Wenig originell, aber hundertfach nacherzählt. Selbst der in analytischer Durchdringung von Zeitgeistigem geschulte „Spiegel“ benutzt in seinen Artikeln immer häufiger Begriffe wie die *Generation X* (etwa in einem Porträt des deutschen Nachwuchsstars Nicolette Krebitz). Und die Marketingbeobachter greifen gern zum Trend-Wörterbuch mit den Begriffen *Kokon* und *neue Bescheidenheit.*

Origineller ist die Titelgeschichte des amerikanischen Wochenmagazins „Time“ über einhundert ausgesuchte Führungspersönlichkeiten der Zukunft. Da wird ein anderer Trend deutlich, das Gegenteil des Alltagsnihilismus der *Generation X* oder der vermeintlichen Schmuseecken-Mentalität des *Kokon*-Ordens: „Amidst pervasive cynicism about public life, the world has cause to wonder, what future leaders might offer. Herewith a list of rising stars worldwide and their own vision quest.“*

Die meisten der faszinierenden Persönlichkeiten, die die „Time“-Rechercheure weltweit ausfindig machten, sind unter vierzig Jahre alt, zählen im Prinzip also zur *Generation X.* Nur teilt keiner der beschriebenen Männer und keine der beschriebenen Frauen die Haltung dieser ihrer Generation, was wieder nur heißen kann, daß eine statistisch insignifikante Beobachtung zur gesellschaftlichen Essenz hochstilisiert wurde. Ginge man mit dem Material von „Time“ ähnlich um wie die Trendindustrie mit dem literarischen Impuls von Douglas Coupland, käme man nicht umhin, einen Trend zur *essayistisch-konstruktiven Generation* festzustellen – und das weltweit.

* Trotz vorherrschender Politikverdrossenheit kann man sich mit Recht fragen, was zukünftige Kader zu bieten haben. Im folgenden eine Liste internationaler Aufsteiger und ihre Suche nach Visionen.

Chaosforschung, die dritte

Da Horx – ebenso wie Gerken und Höhler oder Popcorn – damit in Verlegenheit gerät, auch Widersprüchliches zulassen zu müssen, bemüht er erneut die Chaosforschung, garniert mit einem Schuß Semiotik: „Was wir machen können", sagt Horx, „ist Information aus vielen Fachbereichen zu verdichten. Das ist das ganz Entscheidende. Und die Gesellschaft ist ein großes Kraftfeld, das sich selber steuert und das aus sich selbst heraus immer wieder neue Trends erzeugt. Das hat viel mit Chaosforschung und einer neuen naturwissenschaftlichen Sicht der Dinge zu tun. Mit dieser Art von Sichtweise schauen wir auf die Gesellschaft und versuchen die Zeichen, die von ihr ausgehen, zu analysieren. Das ist so eine Art Zeichenkunde, wenn Sie so wollen."

Mit den Methoden der Chaosforschung auf die Welt zu schauen, bedeutet, wie schon einmal in der Auseinandersetzung mit Gerken dargelegt, die Selbstähnlichkeit der Elemente in der vermeintlichen Unordnung zu erkennen. Aber auch bei Horx ist von dieser Selbstähnlichkeit wenig zu sehen, vor allem dann, wenn die Gesellschaft sich tatsächlich in ihren aus sich selbst erzeugten Trends zu erkennen gibt, die Sache widersprüchlich ist und neben dem Grundzug zum *Authentischen* („unplugged") der *Aufbruch in virtuelle Welten* prognostiziert wird. Von der Logik der vielfältigen Gesellschaft und vom Charakter des *multioptionalen* Konsumenten her herrscht zwischen dem Wunsch nach *authentischer Kultur* und den Ausflügen in *virtuelle Welten* kein Widerspruch. Nur sind diese Dinge völlig unterschiedlichen Charakters. Und auch die immer wieder neben der *Rezessionskultur* beschworene neue *Teddybärenwelt* ist nur eine Facette, die mit anderen im Genrebild der vielfältigen Gesellschaft nichts gemein hat. Natürlich hat Horx gut beobachtet, wenn er den Mazda 121 zur Ausdrucksform des *ästhetischen Cocooning* stilisiert und die Konjunktur der Teddybären als bemerkenswert darstellt. Flugs findet sich eine psychologisierende Erkenntnis: *Regression.* Wie sich diese *Regression* und die Abrundung der Welt mit anderen

Beobachtungen verträgt, die man zum Beispiel auch dem schäumenden Vokabular der BrainReserve entnehmen könnte, bleibt offen: zum Beispiel mit den kantigen Deklarationen des *Wilderness*-Trends, den Geländewagen, die über die glattgebügelten Prachtboulevards der Innenstädte cruisen, den Mountainbikes, neonbeleuchteten Lokalen und brutalen Techno-Sounds, die Trendbüro-Co-Chef Wippermann auf dem Hamburger Trendtag zur apokalyptischen Endzeitmusik (Trend: *Fin de siècle*) deklariert: Die Zyniker haben die Welt der Dinge abgeschrieben. „Zu düsteren Techno-Rhythmen beginnt ihr Abtanzball im Festsaal der gesunkenen ‚Titanic'."

Das ist schön formuliert.

Mehr nicht.

Und so verlangt eine Teilnehmerin aus dem Auditorium der „Ersten Hamburger Trendtage" drei, nur drei knallharte Trends, die das Europa der nächsten Jahre prägen werden und mit denen man arbeiten kann. Die Frage sei zu schablonenhaft gestellt, erwidert Horx. Und irgendwie läuft dann alles auf eine alte Einsicht hinaus, die in den fünfziger Jahren vom Sozialpsychologen Leon Festinger und in den Siebzigern dann von Kommunikationswissenschaftlern unter dem Begriff der *Selective exposure* zusammengefaßt wurde: Immer mehr Medien werden zur Verfügung stehen, und die Menschen werden selektiver damit umgehen, damit zersplittert sich die Gesellschaft weiter, die Werbung wird unwichtiger ... und Peter Wippermann steuert halt auch vier Trends bei, den Zug zur *Purifikation* und den des *Compost modernism*, die dem „Verfall die wiederholbaren Teile zu entreißen" suchen, die *Trendwelt der Patina*, von der nicht so ganz klar wird, was sie eigentlich ist, und schließlich die schon erwähnte und auch im „Trendbuch" ausführlich erläuterte *Fin-de-siècle*-Stimmung.

Eine „fraktionsübergreifende Schaumsprache" nennt es der Berliner „Tagesspiegel". „Offenbar einem Pawlowschen Reflex folgend, fallen Standpunktinhaber immer wieder in jenen Redefluß, der früher einmal ‚Brustton der Überzeugung' genannt wurde. Damit allein ist aber kein Blumentopf

mehr zu gewinnen. Der Mittelgewichtsintellektuelle und Medien-Hengst von heute lebt in touch with tomorrow."
Damit das auch sprachlich gelingt, hat Horx nun ein weiteres Buch auf den Markt gebracht: ein Lexikon der Trendsprache. Dieses Lexikon wiederum hat eine gewisse Selbstähnlichkeit mit dem „Trendbuch", in dem mit schwungvollen, grellroten Leuchtspuren eine Verbindung zwischen bestimmten Vokabeln im Text und ihrer kurzen Erläuterung am Rande der Seite hergestellt ist. *Campaigning, Hedonismus, Konsumismus, Singleisierung,* natürlich *Cocooning,* das Modewort der neunziger Jahre, *Werbekrise, Multimedia, Wertewandel, Rezessionskultur* und viele andere – ein Chaos aus Vordergründigkeit und Modischem, ein semantisches Museum, in das sich Kerzenleuchter und Pappsärge gut eingemeinden.
„Die Unübersichtlichkeit hat weiter zugenommen", sagt Marikka Kneissl, lange Zeit Research Managerin bei Young & Rubicam in Frankfurt. „Wir haben dafür den Begriff der *Trend-dispersion* gewählt. Wir finden auf der Wertebene eine weitgehende Relativierung der Gesinnungen und Überzeugungen, die mit einer großen Offenheit für ästhetische Experimente auf der Stilebene korrespondiert." Rolf Berth, ein bekannter deutscher Unternehmensberater, nennt es den wachsenden Hang zur *Border transgression.* Dies ist ein Basistrend, mit dem Produktentwicklung und Marketing leben müssen. Er berührt allerdings die Ebene der austauschbaren Luxusgüter weit stärker als die Produkte des täglichen Bedarfs oder langlebige Investitionsgüter. „Man kann davon ausgehen", sagt Marikka Kneissl, „daß es nunmehr zwei prinzipielle Linien in den Märkten geben wird: Masse und Klasse. Für eine der beiden Richtungen muß man sich zu Beginn der konzeptionellen Arbeit entscheiden und dann kontinuierlich in den Zielgruppen, die man als chancenreich definiert, prüfen, inwieweit die Konzeption gut oder schlecht ist."
Da nun die Sichtbarkeit und die Menge der „überflüssigen" Luxusgüter und die Bandbreite der Marken bei den Gebrauchs- und Verbrauchsgütern zunimmt – dies nicht

zuletzt durch die Strategien der Diversifizierungen von Unternehmen –, wächst auch die Sprunghaftigkeit der Verbraucher. Das ist logisch. Ebenso logisch ist es, daß die Marketingleute an parallel wachsender Desorientierung leiden und sich der Trendindustrie in die Arme werfen, um dort vielleicht eine Idee für die weitere Gestaltung erhaschen zu können. Die flüchtet sich ihrerseits in die Chaosforschung.
Die Frage bleibt nur, was sich konkret mit diesen Darbietungen anfangen läßt.

Der Trend zum Do-it-yourself-Trend

Die offenherzigste Antwort gibt Suzi Chauvel, die mit ihrem Beratungsunternehmen Pop Eye neben Horx zu den Shooting-Stars aus der zweiten Reihe avanciert ist: „Ich lasse meine Kunden für sich selbst entscheiden, was hip oder hop ist", sagt sie in einem Interview mit der Zeitschrift „Werben & Verkaufen". Dabei geht es Suzi Chauvel nicht um Trends. Sie haßt allein das Wort. Sie nennt Trends daher *Links*. Was das heißt? „Einfach Verbindung. Trends entstehen ja nicht einfach aus dem Nichts, sondern sind durch verschiedene Links miteinander verbunden." Dennoch reklamiert Chauvel eine Reihe von *Trendentlarvungen* für sich – zum Beispiel die sogenannten „Crossover-Aktivitäten. Außerdem macht sich eine neue Spiritualität bemerkbar. Ein weiterer Trend sind die nostalgischen Nomaden. Das sind Leute, die im buchstäblichen Sinn und in geistiger Hinsicht ständig auf Reisen sind, etwa die ‚Zippies'. Messaging ist auch ein Trend: sich verständlich zu machen über Symbole. Dieses Phänomen macht sich gerade in der Werbung bemerkbar."
Was heißt das? Und wie ist das Konzept von Pop Eye? Chauvel arbeitet, wie sie sagt, auf drei Ebenen: „Die Stufen heißen Reality, Reality Action und Reality Action Reaction." Auf allen drei Stufen werden Videos gezeigt. Das ist es dann. Suzi Chauvel nimmt die Jugendkultur, präziser: die Kultur der *Generation X,* auf Videos auf und zeigt sie

den Firmenchefs und Managern, die dafür zwischen 3.000 und 300.000 Dollar bezahlen. Die Interpretation haben sie, wie gesagt, selbst zu leisten. Das billigste Basisvideo kommt auf der *Reality-Stufe* daher und vermittelt „Einblicke in die Globalkultur".

Die nächste Stufe *Reality Action* „ist eine Art Kulturseminar".

Auf der dritten Stufe werden dann Videos abgespult, die auf individuelle Kundenwünsche abgestellt sind. Konkret läuft das so: „Die Firma Nike möchte wissen, warum jeder auf Raves mit Adidas-Turnschuhen herumläuft. Um dieses Phänomen verständlich zu machen, führen wir spezielle Videos vor, die das Leben von Ravern und deren Bedürfnisse darstellen. Die Kids äußern sich dann zum Beispiel zu Fragen wie ‚Warum tragt ihr gerade diese Schuhe?'" Darauf aufbauend, werden mit der tätigen Hilfe der jungen Suzi Marketingmaßnahmen besprochen. Die Methode nennt sich *True Data.*

Diese ebenso einfache wie geniale Geschäftsidee, die Kunden selbst arbeiten zu lassen, verführt verständlicherweise eine Reihe von Werbeleuten dazu, es ebenfalls zu versuchen und Trends zu vermarkten. Einige Beispiele: Im Juli 1991 gründeten die drei Freundinnen Heike Melba Fendel, Mechthild Holter und Anja Friehoff in Köln die Agentur Barbarella. Sie erfanden den Kult zur Fernsehserie „Twin Peaks". Als Spezialität nennen sie *Guerilla-Marketing,* ein Begriff, der zwar vom Amerikaner Jay C. Levinson erfunden wurde und damit auch mit einer gewissen urheberrechtlichen Vorsicht verwendet werden sollte (siehe „Ratgeber: Der neue Trend in der Wirtschaftsliteratur"). Aber die Szene ist schnell und vergeßlich. Und so läßt sich im Zuge des fraktalen Recyclings auch der eine oder andere Begriff vergesellschaften.

Ebenfalls in Köln hat sich die Agentur Megacult etabliert, die sich als Kenner der Jugendkultur und der Musikszene andient. Die Suche der „Teens und Twens nach Symbolen" wird von der Offenbacher Agentur Die Brut unterstützt. In Wiesbaden spürt At Work neue Trends auf und verarbeitet sie in Promotions. Seit 1991 werkelt die Hamburger Agentur Forecast. Sie ist Anhängsel des Hiphop-Clubs Powerhouse in St. Pauli. Was man da beobachtet, wird, wie bei Chauvel, archiviert und als Trend weiterverkauft. Umsatz 1994: 1,5 Millionen Mark (10 Millionen Schilling).

Als eine der führenden Agenturen im neuen Trendgeschäft gilt der Laden von Chris Haeberlin und Stefan Maurer in München. Mit zwanzig festen Mitarbeitern betreuen sie Nokia, Sat 1, Bally und Omega – wobei „Betreuung" heißt, daß man einige Projekte miteinander realisiert. Der 27jährige Stefan Maurer vergleicht Trends mit Eisenbahnzügen. Sie stünden jederzeit und überall bereit. Sie symbolisieren Sehnsüchte, Ängste und Bedürfnisse. Fährt ein Zug ab, setzt sich ein Trend in Bewegung. Für die, die nicht dabei sind, so darf man schließen, ist der Zug abgefahren. Das systematische Agentur-Instrumentarium zur Haeberlin & Maurer-Trendberatung macht in Deutschland rund 500 Trendthemen mit Zukunftspotential aus. Auch hier ist ein *Scout*-System etabliert, das tagesaktuell Trends per Fax ins Hauptquartier liefert. Auch hier werden (150) Zeitungen ausgewertet, ein *Trend-Ranking* basiert auf einer Befragung von 400 Opinion-leaders, vor einiger Zeit in Auftrag gegeben in Kooperation mit der Verlagsgruppe Bauer für die deutsche Lizenzausgabe der Zeitschrift „Wiener".

Da diese Praxis doch sehr stark an die Arbeit einer ganz normalen Werbeagentur erinnert, zeigen sich einige dieser Werbeagenturen auch ein wenig beeindruckt, wenn nicht gar beunruhigt, und etablieren eigene Trendabteilungen. So wurde der stellvertretende Chefredakteur eben jenes Trendblattes „Wiener", Michael Konitzer, offiziell angestellter Trendforscher bei der Hamburger Werbeagentur Scholz & Friends. Konitzer weiß, was er tut. Neben dem *Trend-Ranking* hat er eine *Trend-Datenbank* mit zwanzig Zulieferern aus dem Metier aufgebaut. Überdies hat er mit Gerd Gerken kooperiert, der im Konitzer-Zeitgeist-und-Trend-Blatt eine regelmäßige Kolumne ablieferte. Schließlich qualifizierte sich Konitzer für seinen neuen Job als ahnungsvoller Prognostiker: Kurz nachdem er den Absprung geschafft

hatte, ging das Blatt – trotz seiner gewaltigen Sammlung an Trendkenntnissen – ein.
Peter M. Schöning, Geschäftsführer bei Scholz & Friends, begründete das Anheuern von Konitzer damit, daß man „noch näher am Markt" sein wolle. Allerdings wurde der neue Tätigkeitsbereich nicht etwa *Trend-*, sondern *Turbulenzforschungssystem* genannt. Das Metier ist ja wahrlich nicht arm an neuen Begriffen. Erster Beitrag Konitzers: In Paris trägt „man" beim Ausgehen Schürzen über den Jeans. „Dieser Trend paßt gut zum Thema ‚Workwear'. Die Szene entwickelt in letzter Zeit einen Hang zum Handwerklichen."

Trendforschung in Unternehmen

Der nächste Schritt ist wiederum nur logisch: Wenn schon die Gurus exorbitante Summen verlangen, aus der mittleren Liga unverständliche und oft nicht minder teure Unverbindlichkeiten kommen, die Werbeagenturen ihre Infrastruktur teilweise weiter verteuern, schließlich die Vorschläge der Suzi Chauvel dahingehen, es sich gleich selber zu richten, wird man den Impuls aufnehmen und die *Trendforschung* da plazieren, wo sie hingehört: in die Unternehmen. So hat Daimler-Benz in Berlin in seinen Forschungsbetrieb eine Abteilung integriert, die sich *Technik und Gesellschaft* nennt. Zwanzig Spezialisten aus unterschiedlichen Disziplinen arbeiten an Fragen der Zukunft. Bei einem Unternehmen, das mit Produktionsketten von zum Teil einem Jahrzehnt zu kämpfen hat, können längerfristig angelegte Prognosen über die Entwicklung der Gesellschaft existenzerhaltend sein. Frank Ruff, Mitglied dieser Gruppe, sieht gegenüber der klassischen Marktforschung den großen Vorteil, daß die Arbeit über die Interpretation des Vorfindlichen weit hinausgeht.
Bei Philip Morris Deutschland hat Marketingleiter Hans Joachim Richter eine ähnliche Institution aufgebaut. Er unterscheidet zwischen Trends und Tendenzen, die nur

trendy sind, zwischen Szenen und Freaks. *Trend-Scanning* und Marktforschung werden synchronisiert. Das Ergebnis schlägt sich in den Marketingaktivitäten für die Produkte des Hauses nieder – wie etwa im *Marlboro Project,* das zigarettenunabhängige Werte wie Kreativität, Selbstbestimmung, Unabhängigkeit, Natur und Kommunikation betont. Im angrenzenden Projekt *Talk with Tomorrow* geht es fast spiritistisch zu. Jungen Menschen wird die Möglichkeit eröffnet, eine Reise ins nächste Jahrtausend anzutreten. Ihre Leitfigur soll ein *Minister für Tomorrow* sein.

Die Hosenfirma Levi Strauss setzt wie Suzi Chauvel auf Szenebeobachtung. Ununterbrochen hetzen Scouts durch die Welt der Discos, Musik-, Party- und Modeszene und halten alles fest, was hip ist oder auch hop. Marketingleiter Ohnemus: „Sie müssen Mitarbeiter haben, die nahe an der Zielgruppe leben. Sie müssen viele verschiedene Leute haben, die Ihnen ein aktuelles Feedback geben, denn die Szenen sind sehr unterschiedlich."

Der Druck, der durch diese Geschäftigkeit der Trendforschung entsteht, ist beträchtlich. Denn Firmen, die in aller Ruhe zu Werke gehen wollen und sich die Investition eines Trend-Scout oder gar eines Gurus auch aus der Verantwortlichkeit vor ihren Bilanzen oder Aktionären dreimal überlegen, geraten in eine Art irrationalen Zugzwang: Ist an der Geschichte nicht doch mehr dran, als man vermutet? Versteht man nicht, weil man den Zug der Zeit verpaßt hat? Natürlich sind die Beobachtungen der Trend-Scouts richtig. Jede Beobachtung ist richtig, wenn eine reiche Gesellschaft Hunderte von Möglichkeiten anbietet, den Alltag zu gestalten. Die Beunruhigung darüber, ob man nun einen Trend verpaßt, ist also unbegründet. Es ist nur so, daß die kritischen Stimmen weniger gehört werden, weil sie sich derzeit nicht zur Veröffentlichung eignen. Sie sind nicht spektakulär. Was soll man publizistisch auch damit anfangen, wenn der Geschäftsführer der Ayer Markenwerbung, Rolf Homann, die Trendforscher weitgehend zu „Scharlatanen" erklärt, für „eine zweite Gerken-Generation, die sich ungeheuer wichtig macht", und sich dann wieder seinen

Tagesgeschäften zuwendet? Fred Baader von der Hamburger Werbeagentur Baader, Lang & Behncken setzt noch eins drauf und meint, daß es sich bei den Ergebnissen der „Trendpropheten ausnahmslos um Wiedergekautes" handelt, das er „alles schon mal in einem anderen Zusammenhang gehört" habe. Darin pflichtet ihm sein Konkurrent und Kollege Holger Jung bei, Mitinhaber der Agentur Jung von Matt. „Schindluder!" ist sein Kommentar. „Überall gleich einen Trend zu sehen ist in sich selbst ja schon zu einem Trend geworden." Als dritter Zeuge darf Henk Slagman aufgerufen werden, der der ebenfalls überaus erfolgreichen Werbeagentur Springer & Jacoby als Chairman dient. Es gibt für ihn „unzählige Mikrotrends". Es sei „völliger Schwachsinn", die Werbung danach auszurichten. Er hält es für geradezu „verlogen", die Trend-Departments Kunden gegenüber als Akquisitionsargument zu nutzen.
Ein Argument haben die Trend-Gurus, die Trendpropheten, die Trendforscher oder wie immer sie sich nennen, dennoch auf ihrer Seite. Manchmal gelingt es, aus einer beiläufigen Beobachtung, aus einer demographischen Entwicklung, aus einer Szene, einen weltweit erfolgreichen Trend zu destillieren und mit ihm die Welt zu verändern. Und weil das gelegentlich vorkommt, ist die Branche ruhelos auf der Suche nach dem nächsten Coup, wobei der Traum ist, daß ihr etwas gelingt, was der erfolgreichsten Trendvision aller Zeiten gelang: die Belebung eines statistischen Phantoms zum wilden Konsumenten, wie es bei der Erfindung der *Yuppies* der Fall war.

Phantom und Matrize

DAS LEHRSTÜCK DER YUPPIES

Die Geburt einer Trendvokabel aus dem Geist der Demographie

Man mußte in der ersten Hälfte der achtziger Jahre den Eindruck gewinnen, daß unsere Städte von einer Millionenschar ambitioniert konsumierender, health-club-gestählter Karrieristen bevölkert seien, die sich ausschließlich von Sushi und Perrier ernährten und mit spektakulären Börsen-Deals sagenhafte Reichtümer anhäuften. *Young* waren sie, wie man hörte – zwischen fünfundzwanzig und fünfunddreißig Jahre alt; *urban* – zu Hause auf den Trampelpfaden der anspruchsvollen Gastro-Society und gewitzt in der Akquisition von Lofts und Dachgeschoßausbauten und Penthouses; und *professional* – tätig in modernen Berufen als Broker, Rechtsanwälte, Makler, Werber, Fotografen, Designer oder Galeristen. Wie sie auszusehen hatten, beschrieb das 1984 von Marissa Piesman und Marilee Hartley bei Long Shadow Books in New York herausgegebene „State of the Art Manual", das erst 1988 auf deutsch erschien.

Da war schon alles vorbei.

Alice Kahn, die amerikanische Zeitgeist-Kolumnistin, die nach meinen Recherchen den Begriff des *Yuppie* als erste gebrauchte (am 10. Juni 1983 auf der Titelseite des Werbeblattes „Express – The East Bay's Free Weekly" im kalifornischen Berkeley), formulierte ebendort am 26. Juli 1985 den Abgesang: „Where have all the yuppies gone?"

Sie stand mit ihrer verwunderten Frage nicht allein. Im zweiten Teil der „New York Times", in der der Zeitgeist der Sechsmillionenstadt seinen publizistischen Ausdruck findet, hatte Maureen Dowd schon einen Monat zuvor, am 28. Juni 1985, das Ende der kurzlebigen Erscheinung des demographischen Phantoms konstatiert. Ihr Artikel erschien wenige Tage später als Zeichen der internationalen Aufmerksamkeit in der „Herald Tribune". Das war lange vor dem unerwarteten und spektakulären Börsenkrach des Oktober 1987, den man auf das Konto der skrupellos agierenden *New class brokers* buchte. Aber diese Reaktion war ebenso realitätsfern wie die Vorstellung der geschlossenen Gruppe einer quasi logenhaft formierten Zeitgeist-Guerilla, die die Kultur und die Wirtschaft nach ihrem Gusto ummodelte. Die *Yuppies* waren keine Gruppe. Sie waren die platonische Idee einer neuen Verhaltensform, die sich in einer Self-fulfilling-prophecy umsetzte und zu einer Wirklichkeit verdichtete. Das Wort war ein Glücksgriff der Werbepublizistik, ein Geniestreich, der gelingen konnte, weil die so beschriebene Vorstellung auf die Karrierephantasien einer zahlenmäßig gigantischen Generation stieß, auf jene der *Baby Boomer.*

Yuppies als Medienkonstruktion

Daß die Medien den Ruf begeistert aufnahmen und forttrugen, ist verständlich, das Kalkül einfach und für die gesamte Trendforschung symptomatisch: Um die demographischen Schätze zu heben, die sich in der *Baby-Boom*-Generation abzeichneten, mußte eine attraktive Artikulation des massenhaften Selbstverständnisses formuliert werden, in der sich jedes einzelne Mitglied dieser Generation wiederfinden konnte; dieses Selbstverständnis verlängerte sich in den redaktionellen Konzepten und fundierte damit die einschlägige Werbeträger-Qualität. Einer Generation wurde ein Lebensstil aufgedruckt, von einer Publizistik, die einen neuen, vielversprechenden Absatzmarkt ahnte.
„Bits and Bytes and Boomers" alliterierte „People Weekly" in großen Anzeigen im Herbst 1984. Das Magazin setzte auf die *Baby Boomer,* auf ein ungeahntes Kaufpotential, das –

naheliegend – überproportional in der Klientel des Blattes vertreten sei.
„Baby boomers push for power", hatte „Business Week" 1984 diagnostiziert und damit die einzige tiefgreifende Analyse des Phänomens vorgelegt, die im publizistischen Tumult um dem Zeitgeist zu haben war. Die zweifelhafte Identifikation von *Baby Boomern* und *Yuppies* wurde hier deutlich.
Dennoch blieb die Fiktion des *Yuppie* selbst da aufrechterhalten, wo sich zwischen den Zeilen Zweifel regten – etwa im Nachrichtenmagazin „Newsweek", das im Dezember 1984 die vergangenen zwölf Monate zum „Year of the Yuppie" deklarierte, obwohl der Text der Titelgeschichte eigentlich nahelegte, daß die lupenreinen Repräsentanten des Typus rein statistisch spärlich gesät waren. Als nämlich professionelle Soziologen sich der Sache annahmen und durchrechneten, welcher Prozentsatz der Amerikaner die Kriterien der Kerndefinition erfüllte – gleichzeitig *young, urban* und *professional* zu sein –, stieß man auf eher enttäuschende Zahlen. „Wenn man es ein wenig oberflächlich definiert", schieb John L. Hammond, Professor für Soziologie am Hunter College und am Graduate Center der City University of New York, „also jeden einbezieht, der nach 1945 geboren ist und einen Collegeabschluß hat, gibt es 1983 8,4 Prozent Yuppies. Legt man hingegen die Kriterien an, die ‚Newsweek' in seiner Yuppie-Titelgeschichte verwendete – nach 1945 geboren und heute mit einem Einkommen von mindestens 35.000 Dollar jährlich aus einem akademischen oder Managementberuf –, dann repräsentieren sie gerade 1,1 Prozent der amerikanischen Bevölkerung."
Das sind absolut gesehen immer noch große Zielgruppen. Legt man entsprechende Werte allerdings um auf Deutschland und Österreich, kommt man auf verschwindend geringe Zahlen. Dennoch haben die *Yuppies* auch in Europa die Marketingleute eine Zeitlang fasziniert. Möglicherweise verbarg der Begriff des *Young urban professional* noch andere marktfähige Implikationen?

John L. Hammond verließ sich daher in seiner Analyse auf keine der Definitionen, sondern untersuchte die Mentalität, stieß generell kaum auf Unterschiede zum Wertesystem der Durchschnittsamerikaner, folgerte wissenschaftlich akkurat, daß es keine *Yuppies* gebe, und interpretierte das Phänomen als Ergebnis einer „medialen Halluzination".

Die Selbstverwirklichung des Phantoms

Und doch ging der Befund an der Wirklichkeit vorbei. In dem Maße nämlich, in dem der Öffentlichkeit durch die Medien das Phänomen der *Yuppies* nahegebracht wurde, formierte sich das Verhalten nach den Modellen der Publizistik, weil einfach die Beobachtungsgabe für bestimmte Akzente der Wirklichkeit geschärft wurde: eben für die Health Clubs, Sushi Bars, Lofts und die Rituale der Bekleidung.

Ein Trend.

Mehr und mehr Menschen zwischen 25 und 35 Jahren, dann auch jüngere und ältere und Angehörige anderer Berufe und Bewohner kleinerer Städte richteten sich in Teilen ihres Verhaltens nach der quasistatistischen Wahrnehmung ihrer selbst als Teil einer großen formierten Gruppe. Werbetechnisch werden Prozesse dieser Art als „Abstrahlungseffekte" bezeichnet. Sie werden uns wiederbegegnen beim neuen gesellschaftlichen Interesse an der Familie.

Marketing und Werbung reagierten durch die Inszenierung des Kerntypus in den Geschichten der Anzeigen und Plakate, internationalisierten sich in einer beispiellosen, wenngleich unkoordinierten Kampagne durch die journalistische Aufmerksamkeit dem Phänomen gegenüber, die immer wieder die gleichen Zeichen des Zeitgeistes umspielte: in den USA, in Europa und schließlich in Japan, was „Business Week" zu einer Story über „The rise and rise of the japanese Yuppie" inspirierte. Belegte Zahlen suchte man allerdings wieder vergeblich.

Begierig nahm auch die Illustrierten- und Magazinszene

der Bundesrepublik den Impuls auf. „Der Spiegel“ ortete den neuen Luxusrausch als erster, in einer Titelgeschichte, die in ihrer Beschreibung der beschriebenen *Yuppie*-Mentalität recht nahe kam, doch die Analyse des Phänomens durch die Summierung von Preisschildern ersetzte. Wenn auch „Die Zeit“ eher reserviert aufgrund eigener Recherchen beim Einzelhandel für den gehobenen Bedarf Zweifel anmeldete, daß die Trendmeldungen eine substantielle Grundlage besäßen, blieb grundsätzlich der Tenor dieser: Ein neuer, luxuskonsumorientierter Zeitgeist sei ausgebrochen. Das wiederum war keineswegs nur in den definitiv auf diesen Zeitgeist ausgerichteten Blättern wie dem „Wiener“ oder anderen Savoir-vivre-Postillen der Fall.

Im „Stern“ zum Beispiel tauchten die *Yuppies* am 27. November 1987, kurz nach dem letzten Zahltag vor dem Weihnachtsgeschäft, wieder auf – „eine ungeduldige Generation, im Wohlstand aufgewachsen, setzt neue Konsummaßstäbe. Nicht Masse, sondern Qualität heißt die Devise. Lebensfreude darf was kosten. Die Probleme der Welt? Das eigene Glück ist wichtiger.“

Schon am 15. Mai 1987 hatte das ZDF mit einer Reportage das Lebensgefühl der „Yuppies in Deutschland“ beschrieben, zur besten Sendezeit: „Kaschmir, Kaviar, Karriere“. Bis heute hat sich diese Einstellung gehalten, wenn auch mittlerweile in Konkurrenz zur Beobachtung der *neuen Bescheidenheit.* Die Manifestationen des Luxuskonsums sind – mit Ausnahmen – allerdings nicht mehr so vordergründig wie in den Titelgeschichten der späten achtziger Jahre. Dafür hat sich der Luxusmarkt selbstverständlich etabliert, zeigt sich in den Werbungen, in den „Anzeigenstrecken“, in den Auslagen der Innenstadtgeschäfte, im Verlust der Mitte. Die Dinge sind entweder edel und teuer oder billig und von zweifelhafter Qualität. Die sogenannten *Yuppies* selbst hielten sich nicht so lang wie die Waren: Niemand, so hieß es schon Ende der achtziger Jahre, fühle sich so recht als *Yuppie.* Die Frage blieb, warum dennoch, einerseits, das Thema so erfolgreich wurde, und, andererseits, im Alltag immer mehr Insignien des Typus zu sichten waren: ostentativ vorgetragener Erfolg; Konsum hochklassiger Markenartikel mit hohem symbolischen Wert und großer Transparenz des Preisgefüges; Veredelung ehemaliger Durchschnittswaren für die obersten Marktsegmente: Kombis und Fahrräder; die breite Nutzung miniaturisierter Technik; Fitneßwellen; die Vermehrung teurer italienischer und japanischer Restaurants; und Zeitschriften, die sich des Zeitgeistes annahmen und ihn mitunter sogar im Titel trugen, ihn dann später aber in aller Stille wieder ablegten.

Der Rohstoff: Die Baby-Boomer-Generation

Die Formierung eines neuen Selbstbewußtseins gelang deshalb so gut, weil es eine demographische Massenbasis gab, aus der sich große Gruppen rekrutieren ließen, die als Marktsegmente interessant wurden, selbst wenn sie prozentual geringer waren, als es schien. Gemeint waren zunächst die 70 Millionen Amerikaner, die zwischen 1946 und 1965 geboren wurden, im Optimismus der ersten Nachkriegsjahre, in der Ära der Verheißungen der goldenen Fünfziger und in der demokratischen Aufbruchsstimmung der frühen Kennedy-Johnson-Regierungszeit. Mit kurzen Zeitverschiebungen zeigten sich ähnliche Tendenzen in Europa.
Der amerikanische *Baby Boom*, aus dem sich später die weltweit prägenden Tendenzen entwickelten, setzte ein, als die GIs 1945 glorreich aus dem heiligen Krieg, dem „good war" in Europa, zurückkehrten und an den Kais von Norfolk, New York und Boston enthusiastisch von den wartenden Frauen und Verlobten und Freundinnen begrüßt wurden. Die Depression war vorüber. Eine Epoche beispielloser Mittelstandsprosperität setzte ein, flankiert von allerlei regierungsamtlichen Maßnahmen, die den Erwerb des bürgerlichen Standardpaketes in der saturierten Behaglichkeit von Suburbia erleichterten. Energiekosten waren kein Thema. Eine Gallone Treibstoff gab es für 25 Cents. Die Veteranen des Zweiten Weltkrieges wurden mit zinslosen

oder billigsten Darlehen bedacht, mit denen sie Häuser bauen konnten. Eisenhower erließ den Highway Act, eine Art New Deal für den Straßenbau, auf daß sich die Gesellschaft automobilisiere.

Das Idyll hielt sich bis zur Mitte der sechziger Jahre. Die Kataloge von Sears & Roebuck beflügelten die mittelständischen Wunschvorstellungen, Game shows zeigten die Konsumwelt und demonstrierten ihre Verfügbarkeit, wenn nur ein wenig Glück waltete. Fernsehserien wie „Leave it to Beaver" und „I Love Lucy" legitimierten die Durchschnittsphantasien, die demographisch von George Gallup und Elmo Roper als Ausdruck des *American way of life* verfestigt wurden. Doch dann drängten ambitionierte Reporter bedrückende Bilder aus Vietnam auf die Fernsehschirme.

Gleichzeitig eskalierten die Rassenunruhen. Die Bürgerrechtsbewegung mobilisierte die Studenten der zweiten Generation, die Töchter (immer mehr Töchter) und die Söhne der GIs. Lyndon B. Johnson trat am 31. März 1968 von einer neuerlichen Kandidatur um das Amt des amerikanischen Präsidenten zurück, resigniert, nachdem er mit einer historisch einmalig großen Zahl von Stimmen 1964 als Hoffnungsträger einer neuen Epoche gewählt worden war. *Middle America,* wohlsituiert in gleichförmigen Bungalows der Vorstädte, verlor seine unwissende Unschuld. Der Krieg in Südostasien begann auf die Wirtschaft zu drücken, der Optimismus brach sich an der Realität. Das Fernsehen sendete weiter: Bilder von Unruhen, marschierenden Studenten, Prügeleien mit der Polizei im Grant Park in Chicago. Der *Baby Boom* verebbte, das heißt, die Geburtenrate sank; die ersten *Boomer* wurden Twens.

Sie stürmten den Arbeitsmarkt, im Kopf die Verheißung der goldenen Fünfziger, vermischt mit den Vorstellungen der gesellschaftspolitischen Liberalisierung und der Emanzipation der Frauen: Innerhalb weniger Jahre suchten 30 Millionen junge Amerikaner ihre Position in einem System, dessen obere Etagen noch lange von den Vätern besetzt sein würden. Zwar zeigten sich zu Beginn der zweiten Amtszeit Richard Nixons Aufschwungtendenzen, was auch damit zusammenhing, daß der Krieg in Vietnam beendet wurde. Doch die klassischen Karrierewege waren verstopft. Eine Generation mußte reagieren.

Sie reagierte auf verschiedene Weise, durch eine demographische Korrektur zum Beispiel: Weil immer mehr junge Frauen in gehobene Berufe drängten, verzichteten sie mit ihren Partnern auf frühe Familiengründungen. Sie reagierte durch die schnelle Adaption neuer Technologien und besetzte die High-Tech- und Computer-Märkte, erweiterte sich in andere *Small scale industries,* vor allem im Dienstleistungsbereich (Innenarchitektur, Boutiquen, Restaurants, Werbung [!]) und dehnte das Interesse dann auf den Sektor der Börsenspekulationen aus.

All das fiel dieser Generation leichter als den Eltern, für die ambitionierte Raumfahrtprogramme und Himmel voller Satelliten, tragbare Computer und Technologiezentren noch (je nach Schicht) Erfindungen aus den Welten der H. G. Wells oder Perry Rhodans waren. Mit dieser Okkupation neuer Märkte und mit der demographischen Korrektur, die ein öffentliches, urbanes Leben erlaubten, gaben sich die *Baby Boomer* in ihren publizistisch interessantesten Fraktionen als Protagonisten eines neuen Zeitgeistes zu erkennen. Es ist nicht allzu weit hergeholt, wenn Diagnostiker dieser Zeit vermuten, daß der Sturmlauf an die Spitze erhebliche psychische und körperliche Kräfte erforderte – Grundlage für die florierende Fitneßindustrie.

Traditionelle Firmen reagierten, vor allem im Elektronikbereich und bei den Banken: Pac Tel, Honeywell und Citicorps etablierten reaktionsschnell als erste Großunternehmen sekundäre Karrierelinien, *Dual ladder systems,* um die innovativen Kräfte der *Boomer* nicht in Konkurrenzen ausarten zu lassen. Die Gruppe, die Alice Kahn mit ihrer Werbeethnologie wenig später entdeckte, formierte sich auf der Grundlage einer Mangelsituation und veränderte den Charakter der urbanen Kultur, allerdings ohne daß zu Zeiten des Beginns dieses Trends viel Aufhebens gemacht wurde.

Katerstimmung und die Suche nach neuen Werten

Nun ist die erste Generation der *Baby Boomer* zwischen 35 und 45 Jahre alt. Auch die ambitioniertesten Versuche, das Sportlerimage eines Triathleten zu konservieren, sind immer häufiger von der Einsicht gestört, daß die Haare ausfallen und die Zähne länger werden, daß der Atem auf den Squash- und Tennis-Courts immer früher wegbleibt und daß die begehrten Güter des ostentativen Konsums ihren Weg in die breiten Schichten der Durchschnittsverbraucher gefunden haben. Die Insignien der Zugehörigkeit zu einer städtischen Konsumelite werden zusehends zu einem Ärgernis, zu Ornamenten der Masse.

„Ich werde kein Produkt mehr kaufen, für das Typen mit Hornbrille werben", meinte schon im Frühsommer 1985 eine der Gewährspersonen in Maureen Dowds „New York Times"-Bericht. Und immer deutlicher wird die Frage nach der Zukunft, nach dem Sinn des karrieristischen Sturmlaufs. Der einzige Weg, der aus dieser Irritation herausführe, schrieb Douglas LaBier, ein renommierter Psychiater und Mitarbeiter am „Project on Technology, Work and Character" in Washington, sei die Suche nach neuen Werten, nach Werten, die sich nicht um Macht und Geld, nicht um Konsum und Glamour drehen. Es reicht offensichtlich nicht mehr aus, Bob Geldofs „Live Aid"-Album dekorativ vor den Hi-Fi-Türmen zu plazieren.

Das führende amerikanische Lifestyle-Magazin New Yorks, „New York", entdeckte die alten Tugenden der privat initiierten Wohltätigkeit bei ihrer Klientel und summierte die Bilanz der guten Taten in einer Sonderausgabe mit dem Titelthema „Doing good". Investmentfirmen wie Bear Stearns begannen schon Ende der achtziger Jahre damit, ihren Managern einen Teil des Gehalts für soziale Zwecke zu pfänden. Die Restaurantkette Burger King (ein typisches *Young urban professional*-Venture) wetteifert mit McDonald's um den ersten Platz in der Spendenliste für privatwirtschaftliche Wohlfahrtsprogramme. Aufgeschlossenheit

für Kultur ermöglicht die Renaissance des Mäzenatentums, das sich von der herkömmlichen Praxis allerdings löste, um mit der Freigebigkeit gleich auch profitable Umwegrentabilitäten zu verknüpfen.
In diesem Bereich sind die ehemaligen *Yuppies* Publikum und Innovatoren gleichzeitig. Und schließlich muß die Kernfrage jeder Generation beantwortet werden – die Frage nach einer Familie. Die demographische Korrektur, die in den sechziger und siebziger Jahren zugunsten einer oft partnerschaftlich betriebenen Karriere vollzogen wurde, fordert nun eine letzte Entscheidung. Und immer mehr Mitglieder der *Baby Boom*-Generation entscheiden sich für Kinder. Der konsumorientierten Ästhetik folgend, die die Hochglanzzeitschriften lange Zeit um den Lebensstil der jungen Trendsetter inszeniert haben, finden diese Familiengründungen allerdings nicht in aller Stille als private Ereignisse statt, nach denen man sich betulich ins Reihenhaus zurückzieht. Sie sind Synthesen des Lebensstils, den diese Gruppe der geburtenstarken Jahrgänge mit starker Flankierung durch die Publizistik über zwei Jahrzehnte pflegte, und des künftigen Lebensstils einer öffentlichen Privatheit: Die *neuen Familien* stehen im Trend und finden ihre Ausdrucksform, wie das folgende Kapitel dokumentiert, bereits wieder in den Medien. Sehr bald prägte die kürzelverliebte Marketing-Journaille das neue Sammelwort: *Diks – double income one kid.* Der „New York Times"-Kolumnist Arthur Hoppe umspielte mit einer weiteren Wortfindung das neue Bewußtsein für Kultur und Ethik und die Fragen nach dem Lebenssinn und nannte die grau gewordenen *Yuppies* nun *Grumps: grown up mature people.*

Neue Eltern

DER BABY BOOM DER BABY BOOMER?

Konventionsbruch: Modell-Schwangerschaften

Ein beträchtlicher publizistischer Wirbel entstand, als im August 1991 auf dem Cover von „Vanity Fair" in der mittlerweile konventionellen Ästhetik der Lifestyle- und Advertising-Fotografie die hochschwangere Demi Moore nackt abgebildet war. Man kann diese Art der Aufmerksamkeitserregung als Reklamegag abtun. Aber das Bild beinhaltet auch ein Statement zur Zeit, denn mit Beginn des neuen Jahrzehnts brachen einige Dämme der Konvention, unter anderem die Grenzen der Darstellung von Intimitäten. Andere Zeitschriften zogen, immer mit dem Verweis auf die Pioniertat des amerikanischen Hochglanzblattes, nach, zum Beispiel „marie claire" im Dezember 1991. Als „rundum glücklich" wurde „Topmodel" Yasmin Le Bon in ihrer Stimmungslage charakterisiert: schwanger, zwar verhalten schwarzweiß und bekleidet, aber immerhin: schwanger. Im Heft fand man die Reportage dazu. Die dritte, allerdings anonyme hochschwangere Frau trat 1992 in einer Werbung für Ikea-Möbel auf, diesmal wieder unbekleidet. Und man hatte eigentlich schon nicht mehr das Gefühl, hier geschehe etwas Revolutionäres, etwas, das die Grenzen verschiebe, gar etwas Geschmackloses oder werbetechnisch kalt Kalkuliertes.
Vermutlich hatte auch das Neugeborene vom Benetton-Plakat, das in der Zwischenzeit eine weitere Variation zum Thema lieferte, zunächst die Normen gesprengt und dann die Diskussion erschöpft. Die schwangeren Frauen auf Titelseiten und in Anzeigen für Computer und Versicherun-

gen, technische Geräte von Siemens und Möbel und Janice Dickinson im Mai 1994 auf dem Cover von „Max" als Debütantinnen einer neuen Ära der öffentlichen Deklaration von Intimität wurden so normal wie zuvor die seltsamerweise immer häufiger auftauchenden jungen, alerten, *yuppie*mäßig gestylten Väter mit Kindern. Auch „marie claire" legte noch einmal nach: in einem Artikel über die „Model-Mütter" 1994.
Die Geschichte des ersterbenden *Zeitgeists* der *Yuppie-Ära* ist im vorangehenden Kapitel skizziert worden: Einige Leitmotive dieser Inszenierung der konsumorientierten Modernität konnten sich allerdings erhalten: Fitneß, Erfolg, Hedonismus, Kumulation von Marken, widersprüchliche Werthaltungen und ein Bewußtsein, das eine neue Väterrolle erlaubte, ganz anders als in der Elterngeneration, für die die selbstverständlichen Beigaben eines fünfunddreißig oder vierzig Jahre gelebten Lebens Halbglatze, Bauch, Zigarre und Ruhe vor dem Fernseher waren, schläfrig ins Doppelkinn gesunken, mit der verrutschten Lesebrille auf der Nase ins Nirwana abgedriftet, bis die Sportschau die letzten Aktivitätsreserven weckte. Die ungezügelte Erfolgslust des neuen Typus kennzeichnete weiter die werblichen und redaktionellen Konzepte in Zeitungen, Zeitschriften und Fernsehen und veränderte auch das Bild der Familie.

Versöhnung mit dem bürgerlichen Leben

Doch genau dieses Bild, das einen Trend anzudeuten scheint, repräsentiert nicht die Normalität des durchschnittlichen Alltags der österreichischen oder deutschen Gesellschaft. Hält man nämlich unromantisch die Statistik gegen die Film- und Fernseh- und Anzeigenbilder, dann bleibt auch in den neunziger Jahren die mittelständische, leicht aufstiegsorientierte Kernfamilie aus Vater, Mutter und zwei Kindern (wenn auch mit sinkender statistischer Bedeutung) dominierend – die „Normalität" also. Und Normalität ist und bleibt der Zwang zum steten Kompromiß

auf dem Gebiet der Konsumgüter; ist die Welt des Reihenhauses, gestaltet durch die vorstrukturierten Ensembles aus Dreier- und Zweiersofas und frei konvertierbarem einzelnen Sessel, durch die Eßecke neben der Durchreiche zur Küche und die zwei neuneinhalb Quadratmeter großen Kinderzimmer.
In der Werbung der Lifestyle-Magazine dominieren weiterhin die anderen, die *Professionals,* die in ausgebauten Dachböden und in adaptierten Lofts wohnen. Sie sind Designer, PR-Fachleute, Kreative, Rechtsanwälte. Ihre Welt ist die der Mobilität, der goutierlichen Hektik. Sie haben sich entschieden, allein oder zu zweit zu leben und das frei verfügbare Einkommen nicht – in dieser Reihenfolge – in Windeln und Babykleidung und Schulheften und Ausbildungsversicherungen und Jugendzimmermöbeln und Skateboards und Gruppenreisen in den Urlaubs-Club zu investieren.
Sie ergehen sich in egozentrischer Konzentration auf das Wohlleben und seine für die Werbung höchst interessante, öffentliche Deklaration. Diese Loft-Klientel eignet sich deshalb hervorragend zur Stilisierung der werbeorientierten Welt der Hochglanzmagazine und ihrer Initiatoren und modellhaften Repräsentanten, weil sie auch die verdrängten Wünsche der anderen Sphäre des Lebens realisiert, der anderen Gruppe der Gleichaltrigen, die mit 22 oder 23 Jahren geheiratet und gleich zwei Kinder bekommen haben.
Doch änderte sich in den Reihen der *Singles* und *Dinks (double income no kid)* in den letzten Jahren einiges: Da war erst einmal der Schock über die ökologischen Folgen des stürmischen Expansionsdrangs. Das führte zum Beispiel zu einer neuen Bewertung von Autos. Bald wurden neben den Cabrios die extremen Compact Cars modisch, kleine Lancias und Fiats. Interessanterweise dämpfte diese Entwicklung auch in der mittelständischen Familie den Schmerz über den pragmatischen Kompromiß. Der Traum vom Sportwagen konnte fortan mit dem vom familientauglichen Kleinwagen mit großer Heckklappe kombiniert werden. Denn die Selbstbeschränkung der Konsumelite ging

nicht ohne Anreicherung einher: Die Kleinwagen wurden luxuriöser. In der Werbung gaben nun die Ralph-Lauren-gestylten, fitneßclubtrainierten Loftbewohnerinnen Vorbilder für ihre mütterlichen Geschlechtsgenossinnen ab. Die Stilistik der Werbelinie der Hochpreismagazine prägte nach und nach auch die Ästhetik der klassischen Frauenzeitschriften und ihrer Anzeigen. Die Milieus des Designer-Lofts und des L-förmigen Reihenhauswohnzimmers rückten ein wenig enger zusammen.
Allerdings nicht nur aus der Richtung der Anpassung der mittelständischen Familie an die Normvorgaben der Lebensstil-Avantgardisten. Denn die ereilte neben dem ökologischen Kater und dem Börsencrash Ende der achtziger Jahre ein weiterer, ein wahrer Bewußtseinsschock: Der Abgrund einer drohenden Midlife-crisis tat sich auf. Dieser Schock betraf nicht nur die psychische Situation, nicht nur die Wehmut über die verlorene Zeit der Unsterblichkeit und der ewigen Lifestyle-Jugend. Er war schlimmer – er bestand in dem Zwang zu einer Entscheidung, es endlich jener mittelständischen Familie nachzutun und Kinder zu haben – oder nicht. Die biologische Grenze war erreicht oder doch zumindest unangenehm nah.

Die Familie in der Modellwelt

Mit dieser demographischen Situation beschäftigte sich auch die Werbeästhetik. Kurze Zeit nachdem die Symbole der männlichen Luxusberufe von Frauen okkupiert waren – kalt eingerichtete Büros und Laptops, Erste-Klasse-Abteile und konventionelle Kleidung –, als die Frauen nicht mehr als Sekretärin, sondern als Managerin dargestellt wurden, tauchten Väter mit Kindern in der Werbung auf. Die klassische Rollenzuschreibung wurde ausgedehnt, ohne daß die Traditionen sichtbar blieben. Bei den Männern bahnte die Werbung sich den umgekehrten Weg und erlaubte ihnen, sich mit Kindern zu umgeben. Es waren zunächst Textilienhersteller, die sich an diese Aufgabe wagten, Boss, Torino,

Windsor. Die Väter, dem *Single*dasein entwachsen, begleiteten nun ankleidungsfähige Söhne.
Zunächst sah das Arrangement so aus, als habe sich der entscheidungsgeschüttelte *Single* oder *Dink* zum Rollenüben einen Neffen ausgeliehen. Das änderte sich aber Ende der achtziger und Anfang der neunziger Jahre, als Väter ins Bild rückten (weiterhin gymgestählt und unverkennbar Ex-*Yuppies*), die ganz winzige Kinder, Babys also, auf dem Arm trugen – in der Werbung für Bauknecht zum Beispiel: Da sitzt der alerte Vater aus unerklärlichen Gründen in Boxershorts auf der Waschmaschine und hat ein Wickelkind auf dem Arm; und weiter bei Panasonic, in einer Anzeige für einen Anrufbeantworter, der dem Vater Zeit für seine Lieblingsbeschäftigung läßt: das Spielen mit dem Kind; schließlich für Bepanthen Creme: wieder ist der Vater unbekleidet, das jauchzende Glück auf dem Schoß; oder für die Finanzdienstleistungen der Creditanstalt.
Die Norm der späten Geburt im Ambiente der häuslich gewordenen *Yuppies* setzte sich durch und ergänzte das anspruchsvolle Ensemble der hochklassigen Konsumgüter, der Hi-Fi-Anlagen, der Möbel, Weine, Armbanduhren. In der amtlichen Sprache der Statistik:

- Seit 1989 merklicher Anstieg der Geburtenzahlen, der bis Ende 1995 anhalten und dann sehr langsam abflachen wird.
- Höheres Alter derjenigen, die noch das Abenteuer Ehe wagen. Das durchschnittliche Alter der glücklichen Bräute liegt heute bei 26, das ihrer künftigen Vermählten bei über 28 Jahren.
- Steigende Zahl der nichtverheirateten Partnerschaften.
- Mehr Ein-Kind-Familien. Immer mehr *Singles* verlassen offenbar ihre Designer-*Kokons* und mutieren zu *Dinks*.
- Mehr Spätgebärende: 1994 waren die Frauen durchschnittlich 26 Jahre alt, wenn sie Mutter wurden.

Die Schwangerschaft der Mütter wurde zu einem neuen gesellschaftlichen Ereignis, publizistisch bestens begleitet und damit legitimiert, dann von der Werbung neben den Welten des beruflichen Erfolgs hübsch bebildert, schließlich ergänzt mit eben jenen Fotos ansehnlich schwangerer Frauen, die unverkennbar dem avantgardistischen Lager der Designerwelt und ihrer Lofts entstammten. Ein wenig nahmen sie nun von der Attitüde der mittelständischen Familie an, transportierten selbstbewußt Pampers- und Luvs-Kartons in (luxuriösen) Kombis durch die Gegend. Kindersitze in Sportwagen wurden zu einer Selbstverständlichkeit. Die Betrachtung einer Anzeige des Uhrenherstellers Omega aus dem Jahre 1990 wirkt wie eine bildliche Analyse dieses sozialen Wandels: Im trauten Kreis um die Geburtstagstorte des Kleinkindes versammelt sind der Vater, der in anderen Anzeigen die *Significant moments* seines erfolgsgestählten Lebens gefeiert hatte, das Kind und die Mutter, die so aussieht, als sei sie eben aus der First Class der Singapore Airlines oder der Lufthansa oder der Swiss Air gestiegen und habe ihren Laptop in der Garderobe abgestellt.

Neue Anforderungen an die Arbeitswelt

Der Laptop. Er ist nicht nur ein Zeichen für die erstarkende Wirtschaftskompetenz der Frauen. Er wird auch zu einem Zeichen flexiblerer Arbeit. In zunehmendem Maße nämlich werden sich die *neuen Mütter* und mit ihnen zwangsläufig oder lustvoll auch die *neuen Väter* die Computertechnik zunutze machen und einen immer größeren Teil ihrer Arbeit daheim, in der Nähe des Kindes absolvieren. Je kreativer ihr Beruf ist, desto besser stehen die Chancen. Und da ein großer Teil der Anwender eben jenen busineß- und technikorientierten Milieus entstammt, deren Mitglieder in den modernen Dienstleistungsberufen tätig sind, wird sich die Tendenz zum mobilen Arbeiten, zum *Telecommuting,* zur Verflechtung von Arbeits- und Freizeit verstärken. Eine Portfoliomanagerin, eine Designerin, eine Innenarchitektin, eine Werbeberaterin und ihre jeweiligen Kollegen, weibliche und männnliche Texter, Programmierer, Journalisten, aber auch Sachberarbeiter und Marktforscher, Wissenschaftliche Mitarbeiter in Forschungsprojekten – warum sollten sie den starren Normen der früher noch hochgelobten „Sekundärtugenden“ folgen: Pünktlichkeit und Präsenz? Warum sollten sie statt dessen nicht ergebnisorientiert arbeiten und – zum vereinbarten Termin pünktlich – einen Produktentwurf, eine Dienstleistung, eine Zeichnung, ein Portfolio, ein Schriftstück oder was auch immer vorlegen? Es ist ja letzten Endes im Prinzip gleichgültig, ob diese Art von Arbeit morgens, abends, nachts, an einem Stück oder zu verschiedenen Zeitpunkten, im Garten oder auf der Terrasse oder in einem Arbeitseck des Wohnzimmers ausgeführt wird. Damit würde sich bald auch ein Widerspruch auflösen, der die moderne Gesellschaft auszeichnet: ihr nach den Sternen greifender Technizismus und die steinzeitliche Anwendung dieser Technik.

Betrachtet man nur die Invasion der Mobiltelefone, die nun zeitgeistiger *Handies* heißen – sie ermöglichen eigentlich den Rückzug der Vielbeschäftigten in Oasen, in denen sie in aller Ruhe arbeiten könnten, um dann von dort die Ergebnisse der Arbeit ins Hauptquartier zu senden. Statt dessen wird durch diese tragbaren Kommunikationsmittel noch mehr Hektik verbreitet. Das ist nicht der Sinn der Sache. Abgesehen davon, daß diese Technik noch nicht wirklich nach den Sternen greift. Das wird erst sein, wenn sich die Satellitentechnologie so popularisiert hat, daß der Werbeberater von der Almhütte aus seine Ratschlüsse mit einem kleinen Gerät an jeden beliebigen Ort der Welt senden kann, ohne dafür sein Honorar aufwenden zu müssen. Fünf Jahre noch, dann wird auch das gehen.

Aber es wird kein Trend sein, sondern eine weitere Möglichkeit.

Da aber über diese Möglichkeiten mehr geredet werden wird als über den normalen Arbeitsalltag, werden sie sichtbarer und lauter sein – womit die Chance ihrer zusätzlichen Verbreitung wächst, was gleichzeitig wieder eine neue Industrie provoziert und schließlich zu einer breiten gesellschaftspolitischen Diskussion führen könnte. So wird aus einer belanglosen Randerscheinung ein Thema. Wie derzeit schon bei der sogenannten *neuen Telearbeit*. Bei dieser Diskussion zeigt sich der interessante Fall der Modernisierung einer arbeitspolitischen Debatte. „Heimarbeit" erinnerte bis vor wenigen Jahren eher an Gerhart Hauptmanns Stück „Die Weber", an Ausbeutung junger Mütter, die auf dubiose Anzeigen hereingefallen waren. Mit der technischen Politur durch den Computer, das Fax, das Modem wurde die Heimarbeit geadelt. Durch den öffentlich interessiert zur Kenntnis genommenen *Baby Boom* der *Baby Boomer* wurde „Heimarbeit" zu einem Thema der anspruchsvollen Milieus und emanzipierte sich vom Ruch der hinterwäldlerischen stillen Arbeitsreserve.

Die relativ hoch qualifizierten Doppel-*Singles* mit geplantem Kind durchmischten die Konzepte – und das aufgrund ihrer Attraktivität für Publizistik und Werbung öffentlich. Diese Durchmischung von Lebensformen konzentriert sich nicht im Konzept des *Cocooning*. Sie ist ein Konglomerat aus familiärer Zurückgezogenheit und Karriere, aus Kokon und Öffentlichkeit – kurz: ein selbstbewußter Cocktail verschiedener Modelle, die je nach Laune oder Zeit aktiviert werden.

Dabei zeigt sich interessanterweise ein von der Trend-Soziologie bislang gänzlich unbeachteter Aspekt des sogenannten *Cocooning:* Die Bereitschaft der ehemals jungen Wilden, nun immer häufiger auch daheim zu bleiben, ist nicht zuletzt darauf zurückzuführen, daß ihre Häuslichkeit und Intimität zu einem öffentlichen Thema wurde. Man ist in der Öffentlichkeit, auch wenn man daheim bleibt. All die Schwangerschaften, die Einrichtungen des privaten Lebens, die Verbindungen nach draußen, die gesteigerten Möglichkeiten der Kommunikation führen zu einer seltsamen Auflösung der Muster des Privaten und des Öffentlichen gleichzeitig.

Damit gehen nun die Forderungen nach einer Umgestaltung der Arbeitsbedingungen einher. Um die Protagonistinnen dieser Forderungen, die hochqualifizierten Frauen, die mit Mitte Dreißig zu den tatkräftigsten Mitarbeitern eines Unternehmens zählen, nicht zu verlieren, werden parallel also neue Konzepte der Unternehmen gefordert sein. Statistisch ist diese Tendenz noch unbedeutend. Noch erkennt niemand in Österreich einen Markt für moderne Heimbüros – auch wenn in den USA im letzten Jahr 16 Milliarden Dollar auf diesem Sektor umgesetzt worden sind. Es gibt zwar Pilotprojekte in Deutschland und den Niederlanden mit interessanten Ergebnissen – etwa über gesteigerte Produktivität von *Telecommutern,* wenn es gelingt, ihre Integration ins Unternehmen zu garantieren. Und es gibt eine Reihe von Modellen, Bürostationen in den Wohnvorstädten, die sich mehrere *Telecommuter* teilen.

Ein gesellschaftlicher Umbruch wird sich trotzdem nicht ereignen, auch wenn die *Telekommunikation* die Trendforscher zu glühenden Utopien ermuntert. Für sie selbst ist das Instrumentarium natürlich bestens geeignet. Und so verkündet Mr. Naisbitt auch immer wieder mit Stolz, daß er im Dörfchen Telluride in den Bergen von Colorado arbeiten kann. In der Alltäglichkeit der normalen Wirtschaft sind es nach einer Studie des Kölner Experteams Telecom GmbH 31 Prozent der Unternehmen, in denen Telearbeitsplätze denkbar sind. Neun Prozent der Arbeitsplätze ließen sich umorganisieren. Bis 1998, so die Prognose von Peter Johnston, einem Mitgleid der EU-Kommission für Telekommunikation, werden 7,5 Prozent der Erwerbstätigen in Europa Telearbeiter sein.

Wir werden es erleben. Je eher sich das moderne Management auf die vierfache Aufgabe der

- Flexibilisierung der Arbeitszeit,
- der Einrichtung technisch gestützter Delegationsnetzwerke,
- der kontinuierlichen Qualifizierung und
- der menschlichen und technischen Integration der Mitarbeiter ins Unternehmen

einläßt, desto rascher. Selbstverständlich müssen entsprechende Infrastrukturen geschaffen werden – Gruppenbüros, Organisationspläne, feste Vereinbarungen über Kernzeiten der Anwesenheit, Datenschutz, Kalkulation der Komplexitätskosten für das Heim-Büro-Netzwerk und die Einbindung der Menschen in die Kommunikationskultur des Unternehmensalltags. Den Branchen- und Bürotratsch wird kein noch so ausgeklügeltes technisches System ersetzen können. Außerdem – horribile dictu, aber wahr – wird jeder, der in seinem heimischen Winkel ein Kleinkind betreut, froh sein, hin und wieder ein bißchen Öffentlichkeit zu haben.

Technisch ist das offensichtlich kein Problem, wie die Visionäre der Alpbacher Gespräche 1994 mit fasziniertem Blick in die ISDN-Modellwelt von Orlando, Florida, bekundet haben. *Nonterritorial offices* im Headquarter, Dependancen daheim.

Niemand darf sich allerdings darüber Illusionen machen, daß nur ein kleiner Bruchteil der Telearbeitsplätze jenem Bild der kreativ-aufgekratzten *neuen Mutter* entspricht, die in den Anzeigen und Spots der bunten Konsumwelt stets sorgsamst gepflegt herumspringt. Zu leicht gerät aus dem Blick, daß weit über 90 Prozent der Arbeitswelt „normal" sind und normal bleiben. Dennoch kann das Bild durchaus beflügelnd wirken. Denn nicht immer prägt die Wirklichkeit unser Verhalten. Oft sind es die Vorstellungen von der Wirklichkeit. Die machen wir dann zu *Trends*.

Abstrahlungseffekte auf den Normhaushalt

Die doppelverdienenden Hedonistenpaare, die sich nun als *neue Väter* und *neue Mütter* entschlossen haben, ein wenig bürgerlicher zu werden, haben die Szene der kinderlosen Lebensgemeinschaft in den vergangenen zehn Jahren intensiv bereitet und weitgehend definiert. Ihr Milieu war deutlich von der Durchschnittswelt getrennt. Soziologen prägten in ihrer lebenssprühenden Sprache das Wort von der *segmentierten Gesellschaft,* von einem Pluralismus der Lebensstile gleichaltriger und in gleichen sozialen Schichten befindlicher Menschen, die dennoch wenig miteinander gemein haben.

Das ändert sich nun. Und es zeichnen sich weitreichende

Konsequenzen für Publizistik, Werbung, Konsum und gesellschaftliches Selbstverständnis ab. Die Entscheidung der Ex-*Yuppies,* häuslicher zu werden, fällt zeitlich mit der leicht erweiterten Möglichkeit einer relativ breiten Schicht mittelständischer Milieus zusammen, weniger häuslich zu werden und nun an den Dingen teilzuhaben, die die einschlägigen Zeitschriften der mittleren Kategorie in den Vorbildern des Luxusmarktes entdeckt und gewissermaßen nach unten transportiert haben. *Rabaissement* nennen das die französischen Soziologen.

Die beiden Fraktionen einer Generation wachsen zusammen:

Die Vertreter der ehemaligen Kernfamilie traditionellen Zuschnitts können die Lebenszweifel an der Entscheidung, früh Kinder zu haben und dadurch auf Konsum verzichten zu müssen, nun relativieren. Der neidvolle Blick auf die konsumorientierte Haltung der Gleichaltrigen beim dauerhaften „publizistischen Klassentreffen" weicht der Einsicht, daß sie selbst eine durchaus annehmbare Variante des Wertepluralismus gewählt haben.

Die ehemaligen *Yuppies, Dinks, Singles,* oder wie immer sie sich genannt haben mögen, verbürgerlichen hingegen – allerdings mit dem beharrlichen Anspruch auf die Fortführung gewohnter Lebensmuster. Natürlich spielt sich das Leben nun häufiger daheim ab als früher – man mag es *Cocooning* nennen. Doch rückt diese Tendenz hauptsächlich deshalb ins Gesichtsfeld der Trendinterpreten, weil nun eine publizistisch hochinteressante Gruppe sich so verhält, wie es zuvor die Durchschnittsbürger auch schon getan haben. Dieser kleine statistische Dreh, der ein ohnehin verbreitetes Verhalten ins öffentliche Interesse bugsiert, diese Sensationalisierung des Normalen, ist die Strategie der Trendforscher. Denn im Licht der nun öffentlich deklarierten Verhaltensweisen verhalten sich auch die, die bislang nicht wußten, daß sie im Trend lagen, trendgerecht.

Immer mehr widmen sich nun die Zeitschriften der Doppelrolle von *neuen Vätern* und *neuen Müttern.* Sie schreiben zusehends mehr über die medizinische Unbedenklichkeit relativ „später" Geburten. Das geschieht nicht ohne Eigennutz. Denn die Zahl der Betroffenen ist groß, und man möchte bewußt oder unbewußt das Erfolgsmodell des *Yuppies* wiederholen. So richtet man sich auf die neuen Grundbedürfnisse der Speerspitze der geburtenstarken Jahrgänge ein: auf die differenziertere Welt aus Konsum und Häuslichkeit, Erotik und Familie, jugendlicher Experimentierlust und Sicherheit, denn auch für ehemalige *Yuppies* und Zeitgeist-Protagonisten ist der Horizont sichtbar, hinter dem das Alter beginnt.

Grenzüberschreitung

DIE ENTDECKUNG DES ALTERS

Die trendgerechten neuen Alten

Bei der Suche nach neuen Zielgruppen stoßen die Pfadfinder der Konsumgesellschaft nun also auf das Alter. Der Slogan, mit dem diese Entdeckung der Öffentlichkeit kundgetan wird, könnte aus der alten Spruchweisheit abgeleitet sein, daß man so alt sei, wie man sich fühle: „Die neuen Alten sind ganz anders als die alten Alten." Interessanterweise bestätigt sich die alte Einsicht gerade in einer Zeit, in der man mit höchst raffinierten Studien den Befindlichkeiten der modernen Gesellschaft auf der Spur ist. Da wird manches Vorurteil entlarvt, wenn auch in erster Linie aus der vordergründigen Erwägung, neue Absatzmärkte zu öffnen und den potentiellen Kunden ein Lebensgefühl zu vermitteln, das sie dann durch maßgeschneiderte Produkte auch ausdrücken können. Die *neuen Alten* – in kluger Voraussicht haben die Trendforscher der Marketingabteilungen die Altersgrenze für die Mitgliedschaft in diesem soziodemographischen Club weit herabgesetzt: auf 50 Jahre. „Sie wollen ihren Erben ein Schnippchen schlagen und selbst etwas zu lachen haben. Deshalb sind sie aktiv, ergreifen die Initiative, unternehmen Reisen, ziehen in eine altersgerechte Wohnung und lassen sich Gesundheit und Vitalität etwas kosten", schrieb Oliver Pichler im österreichischen Werbebranchenmagazin „Bestseller" im März 1993.

Das Muster dieser Argumentation erinnert deutlich an die Kreationen der *Yuppies* und der *neuen Familien:* Erstens wird ein allgemeines Bedürfnis nach Konsum, Freizeit, Reisen, Gesundheit, Vitalität, Wohnen, öffentlichem Leben

und Selbstdarstellung durch Konsum auf eine demographische Gruppe konzentriert. Damit entsteht zunächst einmal eine Art publizistisch angeleitete Identifikation. Es ist wie im Kino, wo man in den Aktionen des Stars plötzlich sieht, wie man gern sein möchte. Der französische Filmtheoretiker Edgar Morin hat es in den fünfziger Jahren in seinem Buch „Der Mensch und das Kino" so beschrieben: Wir projizieren unsere Wunschvorstellungen vage auf die Leinwand, wo wir sie dann präzisiert wiederfinden und uns mit ihnen identifizieren können.
Ob das mit den *neuen Alten* gelingt, ist fraglich. Denn nach wie vor ist Alter in unserer Gesellschaft eine negativ besetzte Vokabel – es sei denn, Antiquitäten sind gemeint. Und so versuchen sich die Marktforscher an einer neuen Typologie, die, deutlicher als bei den *Yuppies,* allerdings auf die Identifikation durch Konkurrenz setzt. Man hat gelernt. Zu groß war die Gruppe derer, die nur *Part-time-Yuppies* spielten und sehr bald abfielen. Und zu groß ist auch die Gruppe derer, die nicht dem Bild des neuen jugendlichen, dynamischen Alters entspricht. Also werden die *neuen Alten* gegen die *grauen alten Alten* abgesetzt. Das Marktforschungsinstitut Fessel/GfK sortiert die von ihm so genannten *Overfifties* nach folgenden Kriterien:

- *Genügsame* (14 Prozent),
- *Resignative* (12 Prozent),
- *Pensionisten* (15 Prozent),
- *Familiäre* (18 Prozent),
- *Agile* (14 Prozent),
- *Vereinsamte* (15 Prozent),
- *Aktive* (13 Prozent).

Susanne Hackl-Grümm vom Psychotechnischen Institut Wien steuert den Begriff der *Komfort-Konsumenten* bei. In weiterer Differenzierung bevölkern die *vitalen Genießer,* die *Altersflüchtlinge,* die *zufriedenen Genügsamen,* die *klassischen Pensionisten* und eine Reihe anderer das Sprachfeld dieses neuen Zielgruppenspiels. In Deutschland ist es nicht anders, so formuliert zum Beispiel die deutsche Agentur Konpress in einer Anzeige im Branchenmagazin „Werben

& Verkaufen": „Natürlich haben Marketing-Strategen längst begriffen, wo der erfolgversprechende Konsument zu finden ist. Sie wissen auch, wer zum Beispiel Experte in Gastlichkeit und Gästebewertung ist. Deshalb haben die Profis schon seit langem die Jung-Senioren zwischen 50 und 69 Jahren im Visier. Und das zu Recht!" In der mittlerweile sehr beliebten Praxis der Etikettierung von Zielgruppen mit anglizistischen Kürzeln hat man dieser Gruppe eine Reihe von schwungvollen Namen gewidmet: *Woopies (well off older people); Selpies (second life people); Silver age.* Kluge Voraussicht. Denn schon heute sind 2,4 Millionen Österreicherinnen und Österreicher und fast 40 Millionen Deutsche über 50. Und es werden mit dem Alterungsprozeß der geburtenstarken Jahrgänge mehr. Sie werden „nicht nur in Politik und Wirtschaft, sondern auch im Konsumbereich entscheidend sein", heißt es in der Vorbemerkung einer Sonderstudie der Bayerischen Rundfunkwerbung GmbH mit dem etwas holprigen Titel: „Die ‚Ab-50jährigen'".
Schon heute erweisen sich, so die BRW-Studie, zwei Drittel der Menschen ab 50 in ihrer alltäglichen Lebensgestaltung als *junge Alte.* Mehr noch: diese sogenannten *jungen Alten* scheinen „beweglicher, aktiver und informationsinteressierter als die unter 50jährigen. In ganz besonderem Maße gilt dies für Verbraucherinformationen und damit für entsprechende Werbebotschaften. Und auch die Bereitschaft zum Markenwechsel ist beim den ‚jungen' Alten nicht sehr viel geringer als bei den unter 50jährigen."

Markttechnische Grenzverschiebungen

Das bedeutet, daß die für die Werbeplanung immer noch geltende mythische Grenze des 50. Geburtstages irrelevant ist. „Das bei den Agenturen und Werbetreibenden vorherrschende Bild der ‚Ab-50jährigen'", so wieder die bayerische Studie, „ist dringend korrekturbedürftig, denn nur knapp jeder Fünfte dieser Generation entspricht den in der Werbung verbreiteten Klischeevorstellungen." Diese Einsicht ergibt sich in der Studie in signifikanter Weise aus einer Gegenüberstellung der Selbsteinschätzung von Menschen ab 50, die sich in einer Tagebucherhebung äußerten, und der Einschätzung von Agenturen und Werbetreibenden.

Das interessanteste Ergebnis für den deutschen Markt war eine klare Unterscheidung zwischen den *jungen* und den *alten Alten.* Intern zeichneten sich Trennlinien zwischen drei Typen *junger* und zwei Typen *alter Alter* ab:

- Der Typus des *selbstbewußten, kritischen jungen Alten.* Er steht für 23 Prozent der Befragten. Die Eigenschaften dieses Typus sind ein breites Interessenspektrum, Selbstbewußtsein, Qualitätsorientierung, Reichtum an Plänen und Ideen, starkes Interesse an gut gemachter Werbung. Dieser Typus ist eher markentreu, dennoch aufgrund der Interessenvielfalt werblich gut ansprechbar.
- Der Typus des *aufgeschlossenen, interessierten jungen Alten.* Dieser Typus repräsentiert 21 Prozent der älteren Bevölkerung. Seine Eigenschaften: starkes Informationsinteresse, auch als Verbraucher aufgeschlossen und unternehmungslustig. Er ist tendenziell markentreu, hat dennoch eine hohe Affinität zur Werbung.
- Der Typus des *aktiven, flexiblen jungen Alten,* der für 22 Prozent der von der Untersuchung repräsentierten Bevölkerung steht. Er zeichnet sich durch überdurchschnittliches Informationsinteresse in fast allen Bereichen aus; er hat eine deutlich positive, sehr tolerante Einstellung zur Hörfunkwerbung und ist ein probierfreudiger Markenwechsler.

Mit diesen drei Typen sind die erwähnten zwei Drittel der Generation ab 50 Jahren charakterisiert, die in der Untersuchung der Bayerischen Werbetochter als *junge Alte* bezeichnet werden.

Die beiden Gruppen der *alten Alten* sind

- der Typus des *passiven, grauen Alten,* der 19 Prozent, und
- der Typus des *abgeklärten, zufriedenen Alten,* der 15 Prozent der Bevölkerung ab 50 repräsentiert.

Die Darstellung dieser nach Interessenstrukturen und Verhaltensmustern beschriebenen Typen beinhaltet laut BRW

„einige Überraschungen". Sie gilt zunächst einmal für *alle* Altersgruppen ab 50 in gleicher Weise. So ist das Durchschnittsalter für den ersten Typus 61, für den zweiten 64 und den dritten 61 Jahre. Für Typus 4 und 5 beträgt das Durchschnittsalter jeweils knapp 64 Jahre. Die Überprüfung der formalen Bildung bietet keinen Anhaltspunkt für die Erklärung der Unterschiede zwischen *jungen* und *alten Alten.* Lediglich in der Gruppe 4 dominieren Angehörige der unteren Bildungsschichten. Interessanterweise ist bei den *alten Alten* ein leichter Überhang der Männer zu vermerken.

Die Studie weist noch auf weitere „Überraschungen" hin – zum Beispiel beim Vergleich der *jungen Alten* mit den *alten Alten* und der Generation der 14- bis 49jährigen. Die drei Gruppen der *jungen Alten* sind den Zielgruppen unter 50 Jahren deutlich ähnlicher als ihren Altersgenossen vom Typus der *alten Alten.* Das gilt für die beschriebenen *aktiven* wie auch für eine Reihe sogenannter *passiver Variablen,* in denen Einstellungen zum Leben erfragt wurden. Es gilt weiter für die konsumorientierten Interessenbereiche.

Zu ähnlichen Ergebnissen kommt die österreichische Studie von Fessel und GfK zu den *neuen Alten.*

Das Fazit dieser Studie ist eine Bestätigung der seit geraumer Zeit in der Werbebranche diskutierten künftigen Haltung zum *neuen Alter* und gleichzeitig eine wichtige Bereicherung der Kenntnisse dieser Zielgruppe, die auf ihren Einsatz wartet. Vor allem aber zeigt sich, daß das Bild, das Werbeagenturen und Mediaplaner von Alten haben, korrigiert werden muß, was sich schließlich auch auf die Programmplanung der Fernsehanstalten und die redaktionellen Inhalte der Zeitungen und Zeitschriften auswirken könnte, die heute noch erklärtermaßen die älteren Menschen aus kommerziellen Erwägungen aussparen.

Deutlich erklärte zum Beispiel der Intendant des Privatfernsehkanals RTL, Helmut Thoma, daß die Programmstrategie seines Angebotes auf die Bedürfnisse älterer Menschen wenig Rücksicht nehmen könne. Im Sample der Studie „Dialoge 2" aus der Marktforschungsabteilung des Verlags Gruner + Jahr, einer ansonsten ambitionierten Arbeit über die Bedeutung des Wertewandels für das Marketing, lag die Obergrenze bei der Auswahl der mehr als 6.000 Befragten bei 64 Jahren, also ein Jahr vor dem Pensionsalter. Mit diesen Vorurteilen räumt die bayerische Studie auf: „Die jungen Alten stehen im Hinblick auf Engagement, Aufgeschlossenheit sowie Informations- und Produktinteresse den unter 50jährigen keinesfalls nach. In vielen Bereichen sind sie sogar die gewichtigeren Ansprechpartner."

Das ist plausibel, auch deshalb, weil ein großer Teil dieser Gruppe beruflich etabliert ist, weil die Kinder aus dem Haus sind und damit im Wortsinne neuer Raum entstanden ist und neue Beweglichkeit, weil zusätzlich eine angemessene Lebenserfahrung angesammelt und damit eine lustvoll-bewußte Differenzierung der Nutzung von Angeboten möglich ist – vorausgesetzt, die materielle Situation erlaubt es, daß ein lustvoll vielfältiger Konsum als Ausdruck des neuen Altenstatus gepflegt werden kann.

Zielgruppenkonstruktion durch vorauseilende Marktforschung

Die Werbung stellt sich darauf ein – nicht nur in der erwähnten Studie, sondern in einer größeren Sensibilität gegenüber einer modernen Ausprägung des Alters. Es steht zu erwarten, daß bald der Typus des *neuen Alters* ebenso vorbildhaft und *trendgemäß* in Anzeigen und Fernsehspots inszeniert wird wie heute die gymnastikgestählten Männer und Frauen. Daß in den Marketingstudien dabei die Altersgrenze weit vor dem Pensionsalter plaziert ist, ist strategisches Kalkül. Bewußt wird damit ignoriert, was bislang als wesentliches Definitionsmerkmal des Alters galt: die Pensionierung.

Man versucht, einen gleitenden Übergang zu schaffen, der sich auch durch die stete öffentliche Betonung mittelfristig als selbstverständlich etablieren soll. Das heißt, daß die einschlägigen Marktforschungen auch die interessierten Medien dazu motivieren werden, sich thematisch auf die *neuen Alten* einzustellen, mit dieser redaktionellen Strategie das Selbstbewußtsein dieser Großzielgruppe zu entwickeln und durch die publizistische Auseinandersetzung heute noch latenter Entwicklungen ein neues Bewußtsein zu entwickeln. Mit anderen Worten: Die Publikation überraschender statistischer Daten soll wieder einmal zu einschlägigen Abstrahlungseffekten führen – zu einem *Trend*. Vor allem versucht man die Gruppe der geburtenstarken Jahrgänge rechtzeitig auf eine neue, revolutionäre Ideologie einzuschwören, weil man erwarten kann, daß sie sich aufgrund ihrer Konsumerfahrungen im Alter anders verhalten wird als der Durchschnitt, weniger bescheiden, weniger auf die nachfolgenden Generationen konzentriert, dafür hedonistisch und lebensbejahend.

Das synchronisierte Interesse von Werbung, Medien und Konsumgüterindustrie liegt auf der Hand: Die einen produzieren, wofür die anderen in den Medien werben, die sich aufgrund ihrer Zielgruppenaffinität als beste Plattform für diese Werbung darzustellen verstehen.

Wie sich die einzelnen Verlage auf die absehbare Entwicklung einstellen, wird an einer Pioniertat des deutschen Burda-Verlags deutlich, dessen Marktforschungsabteilung sich 1990 mit einer Arbeit unter dem Titel „Zenit: Endlich 40" schon zum zweiten Mal zum Thema äußerte. Die Altersgrenze der Betroffenen war hier, wie der Titel dokumentiert, noch einmal deutlich herabgesetzt. Die Resultate:

- Menschen über 40 und jüngere Menschen haben großes Interesse an aktueller Werbung. Sie fühlen sich berechtigt und befähigt, Kritik zu üben – aber auch Lob zu spenden.
- Ideologische Werbekritik ist nicht mehr zeitgemäß.
- Gute Werbung ist für alle untersuchten Zielgruppen solche, die sich mit Geist und Witz um den Verbraucher merklich bemüht.
- Menschen über 40 sind an den Produkten selbst interessiert, jüngere eher an der Originalität der Darstellung.
- Menschen über 40 nehmen Werbung und die beworbenen Produkte ernst.

- Für Menschen über 40 muß der Produktbezug deutlich sein. Sofern er das ist, akzeptieren und erwarten sie auch sehr unkonventionelle Werbung.
- Frauen über 40 und jüngere Frauen haben einen ähnlichen Anzeigengeschmack. Männer über 40 und jüngere Männer haben einen unterschiedlichen Anzeigengeschmack.
- Auch Frauen über 40 sehen sich wie die jüngeren Frauen als schon immer öffentlich Umworbene an.
- Männer über 40 geben sich mit indirekter Werbeansprache zufrieden. Ihre Überlegenheitsrolle darf nicht angezweifelt werden.

Schließlich – kein Ergebnis, aber möglicherweise eine Reaktion auf diese und ähnliche Untersuchungen: Die Menschen über 40 werden ihre eigenen Zeitschriften haben, etwa die im November 1994 aus der Taufe gehobene deutsche Gazette „Fifty", entstanden in Zusammenarbeit der Gruner + Jahr-Tochter K+S und der Colonia Versicherung.

Die Auseinandersetzung mit der neuen Konsumwelt der heutigen und künftigen *neuen Alten* wirft noch einmal ein erhellendes Schlaglicht auf die Strategien der Trendkonstrukteure: Sie verdichten gesellschaftliche Beobachtungen zu attraktiven Modellen und geben sie als Verhaltensweisen großer Gruppen aus. Ihre berechtigte Hoffnung richtet sich auf die Attraktivität dieser Modelle auch für die Publizistik, mit deren Hilfe sich genügend große Abstrahlungseffekte ergeben. Diese Abstrahlungseffekte wiederum bestätigen die Trendprognosen – dies um so mehr, je mehr Zeitschriften und Zeitungen, Anzeigen und Fernsehspots die neue Idee akzeptieren und wiederum attraktiv bebildern.

Versteckte Probleme

Aber nicht alle Leserinnen und Leser schaffen es, dem Trend zu folgen. Ebensowenig wie zur hohen Zeit der *Yuppie-Mania,* als eine Reihe jüngerer Frauen und Männer von psychischen Problemen ereilt wurden, weil sie trotz Jogging und unausgesetztem Sushi-Konsum nicht aussahen wie die plakativen Vorbilder, werden sich die Altersprobleme auf Dauer von bunten Marketingvorstellungen verdrängen lassen. Vor allem eines der wesentlichen sozialen Probleme der gegenwärtigen und der künftigen Gesellschaft bleibt aus dieser Trendwelt ausgespart: die Verarmung im Alter und die Ausgrenzung großer Menschengruppen aus dem Prozeß der gesellschaftlichen Integration durch Konsumteilhabe. Dieses Problem der Zweidrittelgesellschaft des Alters wird durch die Konzentration auf konsumfähige und -bereite Gruppen nicht nur ignoriert, sondern durch eine einseitige neue Definition des Alters nach den Gesichtspunkten hedonistischer Ästhetik verschärft. Die Bedürftigkeit, der Mangel, ja schon der durchschnittliche Alltag werden zum Makel.

Das Schlagwort von der *Segmentierung der Gesellschaft,* das von Marketingstrategen in erster Linie unter dem Gesichtspunkt der Nuancierung des Konsums formuliert wird, erhält in diesem Zusammenhang eine tiefe gesellschaftspolitische Bedeutung. Vor allem nämlich bei der Aufteilung der Zielgruppen in *neue* und *alte Alte* offenbart sich die vordergründige Attitüde der kommerziellen Trendforschung. Die Bereiche, die sich außerhalb lohnender ökonomischer Horizonte befinden, werden aus der Wahrnehmung ausgeblendet. So entsteht durch die Abstrahlungseffekte der Werbung eine Kluft zwischen verschiedenen Fraktionen der älteren Jahrgänge der Bevölkerung. Damit ist ein Schritt zur Desintegration breiter Bevölkerungsschichten getan, der bestehende Tendenzen der Ignoranz gegenüber Randgruppen verstärkt. Außerdem wird die dauernde Rede von den *neuen Alten,* ob zu Recht oder nicht, auf das Mißfallen derer treffen, die vermeintlich für die Rente dieser Generation zu arbeiten haben. Es ist nicht ausgeschlossen, daß sich ein neuer Generationenkonflikt anbahnt.

Auf welche *Konkurrenzgeneration* werden die *neuen Alten* dann treffen? Wie sind die Jugendlichen beschaffen, denen man, um es in ihrer Sprache auszudrücken, heute schon dauernd die Ohren damit volljammert, daß sie dereinst die Rente für zwei Alte aufzubringen haben?

Junge Hedonisten und Egotaktiker

Markenbewußt, konsumorientiert und politikverdrossen – die Jugendlichen und jungen Erwachsenen verspüren nach eigenen Aussagen weniger Lust als ihre Vorgängergenerationen, sich außerhalb der Horizonte ihrer eigenen Interessen zu engagieren. Diese Tendenzen werden sich in naher Zukunft noch verstärken, denn es sind, wie österreichische und deutsche Studien zeigen, vor allem die jüngsten Mitglieder des gesellschaftlichen Segments zwischen 14 und 27 Jahren, die den Äußerlichkeiten große Bedeutung zumessen. Von *Rezessionskultur* ist da wenig zu merken.

Diese Tendenz zeigt sich am deutlichsten in der Bedeutung der Kleidung. Dabei geht es aber nicht mehr nur darum, bestimmte Modetrends mitzumachen oder modisch in zu sein, sondern jetzt geht es wesentlich stärker auch um eine Differenzierung nach Stilrichtungen als Ausdruck für eine bestimmte Lebenseinstellung. Teure Kleidung ist gerade für Jugendliche zwischen 14 und 17 Jahren zu einem unverzichtbaren Statussymbol avanciert. Wesentliche Merkmale des Stils werden mit den Begriffen der *Individualität* und der *Coolness* charakterisiert, wobei es bedeutsam ist, gepflegt zu erscheinen und identifizierbare Marken zu tragen.

Sehr viel mehr als in den Erhebungen von vor fünf Jahren stehen Geld, Wohlstand und Luxus an erster Stelle der persönlichen Erwartungen von der Zukunft. Materielle Ziele haben erkennbar mehr Bedeutung als ideelle, die einzigen Ausnahmen, in denen eine Art politisches Engagement überlebt hat, sind Umweltschutz und Ausländerproblematik.

Verantwortungs- und Problembewußtsein für Tatbestände und Entwicklungen, die über den Horizont der persönlichen Interessen hinausgehen, sind kaum vorhanden.

Zudem versucht man, die materiellen Ziele mit einem Minimum an schlau kalkulierter Leistung zu erreichen. *Post-Postmaterialismus:* So müßte das heutige Modewort der Zeitgeist-Soziologie lauten, wenn man diese Ergebnisse zur Kenntnis nimmt.

Die Vorbilder dieser Haltung stammen aus dem reichhaltigen Angebot der Rollen, die die Publizistik täglich in Form wohlgekleideter, lässig-aktiver und gutaussehender Modelle vorführt, aus dem Ensemble der medienvermittelten Rollenvorbilder, die vor allem dann wirken, wenn sie unterhaltsam die Werte der Individualität, der Lässigkeit und der Coolness verbreiten.

Heutige Jugendliche sind eine Generation von *Egotaktikern,* wie eine Studie der Werbeagentur Lintas zutage förderte. Sie kennen nur wenige Idole und Autoritäten. Ihr Hang zur Authentizität, zum individuellen echten Erleben, ist stark. „Die Suche nach dem Sinn wird zur Suche nach Sinnlichkeit", sagt Wolfgang Schäfer, Strategic Planner bei Lintas. „Die Jugendlichen wollen weniger etwas erreichen, sei es politische Veränderung oder materielle Sicherheit, als vielmehr etwas erleben – und zwar sich selbst."

Generation X? – Eine hübsche Medienerfindung, gut für verkaterte Tage.

Grunge? – Längst in die offizielle Mode überführt.

Punk? – Ein Wort aus dem letzten Jahrhundert.

Was zählt, ist saturierte Normalität, gelegentlich unterbrochen durch einen Sonntagvormittag in der Techno-Diskothek.

Zukunftsängste? – Kaum, denn sie, so erzählt man ihnen, sind die Mitglieder der geburtenschwachen Jahrgänge. Die Lehrherren werden wieder um sie buhlen, weil sie wenige sind. Dann werden sie Karriere machen und heiraten und Kinder bekommen und ein Auto haben oder zwei und ein Haus . . . So jedenfalls sehen mehrheitlich ihre Vorstellungen von der Zukunft aus.

Und die Alten? – Sie sind für die Jugendlichen die *Uhus,* die *Unter 100jährigen,* Ewigkeiten von der eigenen Existenz entfernt, Mitglieder einer anderen Welt.

Zusammenfassung

DIE NEUE UNÜBERSICHTLICHKEIT

Milieus, Szenen, Netzwerke

Das ist es, was die Bewohner der modernen Gesellschaft ausmacht: die zunehmende Unlust, sich als Element eines komplizierten Ganzen zu begreifen. Die Trendindustrie hat zu dieser Segmentierung erheblich beigetragen, obwohl sie möglicherweise nicht einmal einer tiefgreifenden Wirklichkeit entspricht. Was zählt, ist die medial verwirklichte Oberfläche, die in tausend attraktive Facetten zergliedert wird. Und je eindrucksvoller jede einzelne Facette funkelt, desto bereitwilliger reihen sich Menschen in die jeweils benutzte Begriffswelt ein. Die Verantwortlichen für das Marketing von Konsum- und Luxusartikeln, von Dienstleistungen und Medien verstärken diese Bewegung, weil sie damit zusehends deutlicher definierte Zielgruppen gewinnen.

Früher, in den fünfziger Jahren, war das alles einfacher. Da gab es die Oberschicht, die das Modell des erstrebenswerten Aufstiegs für die Mittelschicht lieferte. Der amerikanische Wagen oder der Mercedes 300, der eigene Bungalow und das Bankkonto, die Reise nach Italien und das Gymnasium für die Kinder (dabei primär für den Sohn, das Mädchen würde eine gute Partie machen) waren die Zielvorgaben, nachdem der Standard des gutbürgerlichen Konsums erreicht war. Die sogenannten Unterschichten hatten einen längeren Weg. Ihre Aufstiegsphantasien richteten sich mehrheitlich auf die Angestelltenkultur der Mittelschichten. Durch ihren gewerkschaftlich stark mitbetriebenen Aufstieg dorthin verbreiterte sich die Mittelschicht zusehends und etablierte den Massenmarkt der, wie der Sozio-

loge Helmut Schelsky sie nannte, „nivellierten Mittelstandsgesellschaft“. In den Lehrbüchern der Sozialkunde löste die „Zwiebel“ die „Pyramide“ ab. Da waren alle ziemlich gleich, zumal sich mit zunehmender Saturiertheit der Gesellschaft bei wachsender Konkurrenz der Angebote die Warenproduzenten heftige Preisschlachten lieferten, um zusehends verwechselbare Produkte an den Mann oder an die Frau zu bringen. Man erfand den Zusatznutzen eines erweiterten Service, dann den psychischen und schließlich den sozialen Zusatznutzen der Abgrenzung gegen andere sozial Gleichgestellte. Die Medien reproduzierten aus den erwähnten Gründen ihrer zielgruppenorientierten Werbeträger-Qualität die ihnen angenehmen Konsumideologien und verhalfen damit zur weiteren Verdichtung des Selbstwertgefühls immer zahlreicherer und immer kleinerer Gruppen.
Das soziale Gefüge aus Ober-, Mittel- und Unterschicht zergliederte sich in diesem Prozeß zunehmenden materiellen Reichtums und zunehmender Möglichkeiten, das gleiche Bedürfnis zu befriedigen, in zahlreiche Milieus. Wir verdanken die Einsicht in diese Milieus vor allem den originellen Forschungen des Heidelberger SINUS-Instituts. Heute sind es in Österreich neun und in Deutschland wegen der geringeren Bedeutung der Landbevölkerung acht Lebensbereiche:

- das gehobene konservative Milieu,
- das technokratisch-liberale Milieu,
- das hedonistische Milieu,
- das aufstiegsorientierte Milieu,
- die traditionelle Arbeiterschaft,
- das traditionslose Arbeitermilieu,
- das kleinbürgerliche Milieu,
- das alternative Milieu,
- das ländlich-agrarische Milieu (in Österreich).

Sieht man vom – zahlenmäßig in Österreich und Deutschland weiterhin dominierenden, dennoch aber kaum *trendbestimmenden* – kleinbürgerlichen Milieu und von der klassischen und traditionslosen Arbeiterschaft ab, durchdringen sich die Milieus gegenseitig durch eine Reihe von wechselseitigen Abstrahlungseffekten. Das hat sich sehr deutlich an der Verbreitung des Hedonismus gezeigt, der aus dem statistisch insignifikanten *Yuppie*-Milieu zu einer gesellschaftlich breit akzeptierten Bewegung avancierte; es hat sich weiter am quantitativ eigentlich unbedeutenden alternativen Milieu gezeigt, dessen Ideen alle anderen Bereiche der Gesellschaft durchdringen konnten. Nimmt man also die typischen Verhaltensweisen der jeweiligen gesellschaftlichen Milieus, konstruiert wechselseitig sich mehrfach durchdringende Verhaltensfelder, addiert politische, altersabhängige, geschlechtsspezifische und regionale Unterschiede, Szenen innerhalb der Milieus, Netzwerke mit nur zeitlich begrenzter Bedeutung, dann ergibt sich ein illustratives Bild dessen, was unter gesellschaftlicher Segmentierung verstanden werden kann.

Jede dieser Konstruktionen könnte den Keim zu einem neuen Trend in sich bergen, beispielsweise:

- das hedonistisch geprägte Landleben der jüngeren Fraktionen des aufstiegsorientierten Milieus mit starken alternativen Impulsen;
- die technokratisch-liberale Fraktion jüngerer Frauen des aufstiegsorientierten Milieus, durchsetzt mit hedonistischen Ansprüchen;
- aufstiegsorientierte ältere Menschen mit starker hedonistischer Prägung, eben die *neuen Alten;*
- kleinbürgerliche Attitüden des hedonistischen Milieus, das sich zur *neuen Familie* bekennt und starke alternative Impulse in den eigenen Alltagsentwurf aufnimmt und sich dabei den ländlich-agrarischen Lebensformen nähert;
- hedonistische Orientierung des agrarischen Milieus mit technokratisch-liberalen Haltungen und absatzpolitisch begründeter Nähe zur Stadt.

So entstehen neue, zum Teil nur zeitweise gepflegte Szenen, die wiederum attraktiven Stoff zur Entdeckung eines *Trends* bieten.

Alles ist denkbar.

Daraus die *Anything goes*-Parole des sogenannten *Postmodernismus* abzuleiten, ist sicher publizistisch attraktiv und eignet sich hervorragend für den trendgerechten Partyplausch. Es ist nur schlicht falsch. Denn es handelt sich bei dieser publizistisch gehätschelten Facettierung um nicht mehr als ein Gesellschaftsspiel mit Vordergründigkeiten.

Nimmt man statt der differenzierenden Perspektive einen anderen Blickwinkel und orientiert sich an tieferliegenden sozialpolitischen Gegebenheiten, dann zeigt sich eine Reihe von Basics, die alle gesellschaftlichen Bereiche, alle Milieus, Szenen und Netzwerke gleichermaßen betreffen.

Folgende Beispiele mögen zur Illustration genügen:

- die anhaltende Bemühung um Gleichberechtigung von Frauen und Männern im Zeitalter des sogenannten *Postfeminismus;*
- der (in Österreich vor dem Jahr 2000 noch weniger dramatisch als in Deutschland) wachsende Anteil älterer Menschen;
- die Automatisierung der Industrie, der Dienstleistungen und des Handels durch Telekommunikation und Roboter und die mit dieser Entwicklung einhergehende *Sockelarbeitslosigkeit;*
- die ökologische Orientierung auch außerhalb der natürlichen Umwelt;
- die eben beschriebene wachsende Individualisierung der Lebensanschauungen und der Felder der Lebensgestaltung.

Das also wären die *Megatrends* – keineswegs überraschend, weil sie aus allen einschlägigen Statistiken abzulesen sind. Wie immer aber gilt das Interesse von Wirtschaft und Politik den Konsequenzen – wie immer gilt, um es formelhaft auszudrücken, die Frage: Welche Bedeutung haben die jeweiligen statistischen Informationen?

- Wird es Verteilungskämpfe zwischen Männern und Frauen um die geringer werdenden Ressourcen attraktiver Arbeitsplätze geben, die zu einem neuartigen sozialen Unfrieden führen? Oder wird sich eine neue Mentalität der *postfeministischen* Gemeinsamkeit entwickeln?

- Wird es möglich sein, den jahrhundertealten Begriff der Arbeit zu ersetzen und den gesellschaftlich erwirtschafteten Reichtum so zu verteilen, daß eine angemessene Reaktion auf die neue Situation des *Jobless growth* möglich wird?
- Wird man künftig ein verstärktes Angebot von *Health care boutiques* bereithalten müssen, um die Ansprüche der *Yuppie*-Nachfolger nach einem angemessenen Gesundheitsservice zu befriedigen? Heute schon bieten Hotelketten Kombinationen aus Klinikbetrieb und luxuriöser Unterbringung als neuartige Dienstleistung für gut versicherte oder sonst finanziell gut ausgestattete Zielgruppen an. Ein Trend? Hedonistisch geprägter Gesundheitsservice? Arbeitsfelder für Klinikeinrichter, Hotelbetriebe? Oder Zweiklassenversorgung?
- Wird die Politik insgesamt mit populistischen Mitteln versuchen müssen, die Grenzen der unterschiedlichen Milieus, Szenen und Netzwerke zu überwinden, um auf der Grundlage des kleinsten gemeinsamen Nenners noch eine Massenmobilisierung erreichen zu können? Das würde bedeuten, daß die Parteiprogramme, noch mehr, als sie es schon sind, verwässert werden. Arbeitsfeld für neue Politikberater, Vermittler zwischen Basis und Institution? Noch mehr Macht für die Demoskopie, die zum Dauerkorrektiv des Regierens wird?
- Sollten Ansätze moderner Heimarbeitsplätze gefördert werden, um flexibleres Arbeiten auch für Mütter und Väter zu ermöglichen und den täglichen Verkehrsstau auszudünnen? Das wäre ökologisch sinnvoll, könnte gleichzeitig aber sowohl zu arbeitsrechtlichen Problemen als auch zur Schwächung der innerbetrieblichen Kommunikation und damit auch der *Corporate culture* führen.
- Das wiederum führt zu einer kniffligen Frage, die von den Trendforschern generell nicht beantwortet wird: Wie ist eigentlich der Widerspruch zwischen der Tendenz zur

Virtual company und der gleichzeitig diagnostizierten wachsenden Bedeutung der *Unternehmenskultur* zu kompensieren?

Schon diese wenigen Beispiele zeigen, daß sich vor einer eindeutigen Interpretation der Zukunft hohe Barrieren aus unauflösbaren Widersprüchen auftürmen. Die Dramatik verschärft sich durch die Tatsache, daß viele von ihnen grenzüberschreitender Natur sind, nicht hausgemacht, aber nachhaltig die heimische Politik betreffen. Auch da liegt eine Entwicklung, deren Konsequenzen nicht abzusehen sind:

- Umweltpolitik ist zunehmend auch Reaktion auf die Energiepolitik benachbarter Länder;
- internationale Organisationen wie *Greenpeace* überlagern die nationale Politik;
- ausländische Strukturpolitik beeinflußt die Standortentscheidungen der heimischen Wirtschaft;
- die wachsenden Einflüsse der Weltkonzerne bestimmen die örtlichen Tarifvereinbarungen und mit ihnen möglicherweise auch die Umformulierung von Prinzipien der Wirtschafts- und Sozialpolitik;
- das Finanzgebaren der Länder mit Leitwährungen verändert das Zinsniveau daheim;
- fundamentalistische Auseinandersetzungen blockieren Exporte und bedrohen die Existenz heimischer Firmen;
- das organisierte Verbrechen zwingt zu einer transnationalen Sicherheitspolitik;
- politische Umstürze oder wirtschaftliche Wirrnisse „draußen" provozieren Flüchtlingsströme, die wiederum zur Veränderung der politischen Situation „drinnen" führen.

Eine Voraussetzung für die globale Auseinandersetzung mit diesen neuen politischen Herausforderungen wäre sogar gegeben: die grenz- und kontinentüberschreitende Medienindustrie. Da sie jedoch – wie jede Industrie – in erster Linie der kommerziellen Rationalität zu folgen hat, sind von ihr kaum Impulse einer *neuen Aufklärung* zu erwarten. Dabei ist es wenig zielführend, die einschlägige Kritik an

der *Amerikanisierung,* der *McDonaldisierung,* der *Trivialisierung* und ähnlich schrill klingender Apokalypsen eines pädagogisierenden Kulturpessimismus zu wiederholen. Die Ursache für die breite Akzeptanz der oberflächlichen Programmformate liegt beim Publikum – womit das Problem erneut an die Politik, insbesondere an die Bildungs-, Kommunikations- und Kulturpolitik zurückgegeben ist. Und da wieder muß die Frage beantwortet werden, ob interventionistische Eingriffe in die Kulturindustrie zu verantworten sind. Heimischen Medien um der – wie auch immer begründeten – Aufklärungsfunktion willen die Marktorientierung zu verwehren, würde zur Schwächung ihrer Potentiale und damit mittelfristig zu ihrem Niedergang führen, weil sie den transnationalen Medienkonzernen nichts entgegenzusetzen hätten. Noch ein Widerspruch, dessen Auflösung höchst ungewiß ist.
Es wäre unlauter, Lösungen anzubieten.

All business is individual

Die vorangehende Liste der *Tendenzen,* die sich für die Zukunftsgestaltung der europäischen Gesellschaften abzeichnen, soll an dieser Stelle nur beispielhaft die Unmöglichkeit verdeutlichen, von gesicherten *Trends* zu sprechen, auf die sich alle Unternehmen gleichermaßen einstellen könnten.
So sind am Ende nur zwei Lösungen denkbar:

- die mühsame Detektivarbeit jedes einzelnen Unternehmens, herauszufinden, was seine Klientel heute schon an künftigen Wünschen erkennen läßt,
- und die vorauseilende Reaktion auf diese Wünsche.

Sich dabei auf die jeweils publizierten Trends zu stürzen ist gefährlich. Wichtiger ist die ruhige Auseinandersetzung mit den verfügbaren Daten zur demographischen Entwicklung, die Betrachtung der kulturellen und wirtschaftlichen Vermächtnisse, mit denen verschiedene Altersgruppen aufgewachsen sind, ihre Konsumlaufbahnen und ihre tiefliegen-

den Wünsche. Darauf einzugehen, *produkttechnische Definitionen* zu liefern, ist das Metier der Unternehmen. Dazu ist der Kundenkontakt notwendig. Aber ein Kundenkontakt via Trendberater ist kein Kundenkontakt mehr, sondern vermittelte Wirklichkeit. Wer garantiert, daß die Trendberater diese Wirklichkeit richtig verstanden haben?
„Es reisen eine Menge hochbezahlter Trendforscher durch das Land und erzählen den Leuten, was die Zukunft bringt", schreibt Christoph Wagner, „Gault Millau"-Chef und aufmerksamer Beobachter der österreichischen Lebensmittelindustrie. „Für Unternehmer ist es meist zu spät, auf die Trendforscher zu hören. Sie müssen, um an der Spitze zu bleiben, die Richtung vorgeben."
Dazu braucht es Erfahrungen und soziologisches Geschick, intelligente Marktforschung und den Mut zu Risiken, die feste Überzeugung von der Qualität des Angebots und den selbstverständlichen Kontakt mit Kunden. Es braucht Berater, die neben der Erfahrung, dem soziologischen Geschick und den Informationen der intelligenten Marktforschung die Bedeutung der Informationen zu erkennen imstande sind, weil sie sich in der jeweiligen Branche auskennen. Hegelianisch dunkle Formulierungen und das postmoderne Trendgemunkel in nebulöser Sprache nützen im unübersichtlichen Alltag wenig. Markterschließung ist harte Arbeit. Sie läßt sich nicht durch Modeworte ersetzen.

Eine faszinierende Neuübertragung der Lehrsätze des großen chinesischen Meisters

LAOTSE
Das Tao der Stärke
übertragen von
Peter Th. Ruggenthaler
160 Seiten,
Format 12,5 x 20,6 cm
DM 39,80
öS 298,–
sfr 39,80
ISBN 3-7015-00332-X

Die 81 Abschnitte des Tao der Stärke eignen sich Dank ihrer eindringlichen und bildhaften Sprache hervorragend zur Meditation von Führungspersönlichkeiten. Sie lehren Unvoreingenommenheit, Entscheidungskraft und Flexibilität – Eigenschaften, die gerade für Manager unabdingbar sind.

Orac